2019年云南省哲学社会科学重大项目研究成果

文化和科技融合通论

许 悦◎编著

知识产权出版社
全国百佳图书出版单位
—北京—

图书在版编目（CIP）数据

文化和科技融合通论/许悦编著. —北京：知识产权出版社，2025. 2. —ISBN 978-7-5130-9731-4

Ⅰ. G124；N12

中国国家版本馆 CIP 数据核字第 20253V79J5 号

内容提要

本书从文化和科技的概念入手，探讨两者相互融合的内涵、价值、类型、特征和趋势，系统归纳融合的基本路径、主要模式和困难以及风险，在总结国内外经验做法的基础上，提出基于产业链的文化和科技融合路径，并从一体化融合、区域化融合、差异化融合3 个方向给出发展对策建议。本书还以云南和云南丽江为对象，研究不同条件下，文化和科技融合的发展方向、潜在需求，提出下一步工作的具体建议，希望能为云南省委省政府、丽江市委市政府提供决策参考，能为有关工作提供支撑。

责任编辑：张利萍　林竹鸣　　　　　责任校对：谷　洋

封面设计：邵建文　马倬麟　　　　　责任印制：孙婷婷

文化和科技融合通论

许　悦　编著

出版发行：知识产权出版社 有限责任公司		网　　址：http://www.ipph.cn	
社　　址：北京市海淀区气象路 50 号院		邮　　编：100081	
责编电话：010-82000860 转 8387		责编邮箱：65109211@qq.com	
发行电话：010-82000860 转 8101/8102		发行传真：010-82000893/82005070/82000270	
印　　刷：北京中献拓方科技发展有限公司		经　　销：新华书店、各大网上书店及相关专业书店	
开　　本：720mm×1000mm　1/16		印　　张：14.25	
版　　次：2025 年 2 月第 1 版		印　　次：2025 年 2 月第 1 次印刷	
字　　数：234 千字		定　　价：79.00 元	

ISBN 978-7-5130-9731-4

前言

　　我们常说文化是软实力，科技是硬实力，今天，文化和科技互相交融、彼此渗透，科技已成为文化软实力的坚实后盾，更推动着文化软实力向硬实力转化。

　　从文化发展历程来看，历经科学革命—技术革命—产业革命—社会革命，文化已从独立于经济之外的精神、思想和娱乐活动，成为经济发展的重要拉动力，而文化产业的兴盛也进一步推动了其与其他产业的融合，尤其是与科技的融合，使文化产业实现了跨越式发展。纵观世界各国，科技发达的国家都具有较强的"软实力"势能，科技的进步为一个国家的发展积累了雄厚的物质基础，而科技、经济、军事等硬实力越强，国际地位相对就越高，影响世界格局的能力也就越强，价值理念和发展模式更容易得到广泛认同。就美国来说，文化产业是美国经济的重要支柱，许多受美国文化影响的年轻人对其趋之若鹜，其秘诀之一就是充分发挥了高科技优势，通过新材料新技术新装备等的运用提升文化产业的生产质量和传播效果，如好莱坞电影、迪士尼乐园、百老汇音乐，其魅力就在于科技与艺术的有机融合。再如日本，动漫产业是日本重要的支柱产业，日本在动漫产品的创作中融入科技元素，将手绘图画摄制、计算机二维动画制作、计算机三维动画及网络技术融为一体，可以说，动漫产业的崛起是文化与科技融合的现实典范，也极大地促进了日本文化的对外输出。由此不难看出，科技对于文化资源的转化有着至关重要的作用。科技进步为基于内容创新、载体创新及传播创新的文化创新，提供了重要的方法和手段，催生出文化产业，衍生出新兴文化产业业态，也就是说，文化软实力可以通过科技创新、制度变革和产业转型转化为硬实力，创造经济价值。

当然，随着科学技术的日新月异，科技对文化的影响已不再仅仅停留在物质生产力层面，而是从器物层次到制度层次再到精神层次，逐渐渗入文化之中，把种种不可思议的奇思妙想变成现实。例如，北京冬奥会开幕式以其简约大气、未来感十足的表演惊艳全球，600多名小演员在雪地上奔跑时，由光影虚拟出的雪地竟会出现逼真的足迹，由光影虚拟的雪花伴随着孩子们奔跑，营造出温馨浪漫的氛围；奥运五环冰雕破冰而出的那一幕更是把"破冰"二字的内涵彰显无遗，打破坚冰才能打破隔阂、相互靠近、彼此温暖，深刻的内涵表现得真切而自然。又如，科技还能帮助我们揭去历史的面纱，通过分析骨骼中的微量元素，可以知道这些古人是本地人还是外来移民，还能知道其食物来源、健康状况和疾病情况；通过分析遗存土壤中的花粉就能知道当时的气温、湿度等气候环境信息；通过分析遗存中的植物种子就能知道它们是天然的还是人工培育的，所有这些信息综合起来就勾画出一幅清晰的古人社会生活图像。这是单纯依靠文字记载所不能获取的宝贵信息，对于我们探索中华文明起源、坚定文化自信有着十分重要的意义。再如，中华民族在实现"飞天梦"的路上，也蕴含了许许多多绚丽的中华文化，我们的载人飞船叫"神舟"、空间站叫"天宫"、月球探测器叫"嫦娥"、月球车叫"玉兔"、中继通信卫星叫"鹊桥"，等等。古老瑰丽的神话在科技之光的照耀下焕发出新的夺目光彩，这是独属于中国人的浪漫，正是科技让古老的中国文化更加迷人。

可以说，科技正成为中华优秀传统文化创造性转化和创新性发展的助推器。实践充分证明，文化和科技融合是推动文化产业高质量发展的必由之路，也是满足人民美好生活需要的重要方式。我们要以中华传统文化为"母体"，利用文化和科技融合的优势开发其优秀内涵，进而彰显中华文化深厚的底蕴和巨大魅力。早在党的十七届六中全会上，我国就提出科技创新是文化发展的重要引擎，要发挥文化和科技相互促进的作用，深入实施科技带动战略，推动文化产业跨越式发展。党的十九大以来，文化强国建设被提到前所未有的高度。党的十九届五中全会将"健全现代文化产业体系"作为文化强国建设的三大重点任务之一，其核心就是要推动文化产业现代化和系统性发展，以市场为导向推动供给侧结构性改革，把握数字经济新引擎，释放文化产业的生机与活力。2020年，习近平总书记在湖南考察时指出"文化和科技融合，既催生了新的文化业态、延伸了文化产业链，又集聚了大量创新人才，是朝阳产业，大有前途"，强调了文化和科技融合既在意识形态领域有助于弘扬和培育社会主义核心价值观，又在经济建设中推进文化产业持续健康发展，将文化和科技融合推向了新高潮。

本书从文化和科技的有关概念入手，探讨两者相互融合的内涵、价值、类型、特征和趋势等，并通过赴江苏、山西、陕西等地实地调研等多种方式，系统了解有关省市文化和科技融合发展情况，归纳形成融合的基本路径、主要模式和存在的风险，在分析总结国内外经验做法的基础上，提出下一步文化和科技融合发展的对策。此外，编者作为土生土长的云南人，基于云南少数民族文化、非物质文化、传统村落文化、边疆地缘文化等文化资源丰富，文化和科技融合正深刻影响着旅游等行业发展的背景，对云南尤其是云南丽江文化和科技融合发展现状、问题、需求等进行深入剖析，提出下一步发展的具体建议，希望能为云南省委省政府、丽江市委市政府提供决策参考，为有关工作提供支撑。

随着习近平文化思想的提出，文化事业和文化产业的繁荣发展备受关注，文化和科技融合作为传统产业与新兴技术的交叉点，正以日益紧密的方式相结合，科技的力量将催生出越来越多的文化形式，文化的力量则将激发出科技的无限可能，让我们对文化事业和文化产业的未来充满憧憬！

编　者

2024 年 5 月

目 录

实 践 篇

理 论 篇

索引篇

第一章 文化和科技融合内涵

第一节 文化和科技融合有关概念及内涵

文化和科技融合早已不是一个新命题，它是被文明进步、社会发展所证实的发展趋势。然而，在科学技术日新月异的今天，它被再次赋予了深刻内涵和重大意义。

一、文化

（一）文化的概念

文化是相对于经济、政治而言的人类全部精神活动及其产品。根据文化的结构和范畴，文化可分为广义和狭义两个概念。广义的文化是指人类在社会实践过程中所获得的物质、精神的生产能力和创造的物质、精神财富的总和，包括物质文化、制度文化和心理文化三个方面；狭义的文化指精神生产能力和精神产品，包括一切社会意识形式，如自然科学、技术科学、社会意识形态，有时也专指教育、科学、艺术等方面的知识与设施。

文化具有多样性和复杂性，国内外学者在研究文化时将其分为多种类型。

一是按照文化的表现形式，分为物质文化和精神文化。物质文化是为了满足人类生存和发展需要所创造的物质产品及其所表现的文化，包括饮食、服饰、建筑、交通、生产工具以及乡村、城市等；精神文化是人类在从事物质文化生产基础上产生的一种人类所特有的意识形态，它是人类各种意识观念形态的集合，具体表现在人的伦理道德、对美的事物的感受、对艺术的品位和对精神世界的追求。二是从人类行为的角度，分为高级文化、大众文化和深层文化。高级文化包括哲学、文学、艺术、宗教等；大众文化指习俗、仪式以及包括衣食住行、人际关系等各方面的生活方式；深层文化指价值观的美丑定义，时间取向、生活节奏、解决问题的方式以及与性别、阶层、职业、亲属关系相关的个人角色。高级文化和大众文化均植根于深层文化，深层文化又会以一种习俗或生活方式反映在大众文化中，以一种艺术形式或文学主题反映在高级文化中。三是从文化形态的角度，分为物态文化、制度文化、行为文化和心态文化。物态文化由物化的知识力量构成，它是人的物质生产活动及其产品的总和，是可感知的、具有物质实体的文化事物；制度文化由人类在社会实践中建立的各种社会规范构成，包括社会经济制度、婚姻制度、家族制度、政治法律制度等；行为文化以民风民俗形态出现，多见于日常起居动作之中，具有鲜明的民族、地域特色；心态文化是在人类社会实践和意识活动中，经过长期发展而形成的价值观念、审美情趣、思维方式等，是文化的核心部分。

（二）文化产业的概念

阿道尔诺和霍克海默在《启蒙辩证法》一书中率先使用了"文化产业"概念。而文化产业作为一种特殊的文化形态和经济形态，不同国家从不同角度看有不同的理解。联合国教科文组织将其定义为按照工业标准，生产、再生产、储存以及分配文化产品和服务的一系列活动，这一定义从文化产品的工业标准化生产、流通、分配、消费的角度出发，突出了审美的商品属性，并使审美生产与消费呈现规模化的效应，但是工业标准角度的定义忽略了舞台演艺、造型艺术等非标准化的文化生产与服务。我国对文化产业的定义是以生产和提供精神产品为主要活动，以满足人们的文化需要作为目标，对文化意义本身的创作与销售，狭义上包括文学艺术创作、音乐创作、摄影、舞蹈、工业设计与建筑设计。并将文化产业划分为三个大类，一是以相对独立的物态形式呈现的文化产品的行业，如生产与销售图书、报刊、影视、音像制品等行业；二是以劳务形式出现的文化服务行业，如戏剧舞蹈的演出、体育、娱乐、策划、经纪业等；三是向其他商品和行业提供文化附加值的行业，如装潢、装饰、形象设计、文化旅游等。

相对于西方国家，我国的文化产业起步较晚。2004 年，国家统计局首次发布了《文化及相关产业分类》，将文化产业分为 9 个大类，即新闻服务，出版发行和版权服务，广播、电视、电影服务，文化艺术服务，网络文化服务，文化休闲娱乐服务，其他文化服务，文化用品、设备及相关文化产品的生产，文化用品、设备及相关文化产品的销售。此次分类为推动我国文化体制改革，发展社会主义文化事业，建立和培育社会主义文化市场，界定和规范我国公益性文化活动和经营性文化活动提供参考与借鉴，也为社会主义文化建设、文化管理和文化统计提供科学、统一的范围与定义。此后分别于 2012 年和 2018 年进行了两次修订，2012 年的修订主要是基于互联网和计算机的迅速发展，文化产业新业态应运而生，因此，新增了文化信息传输服务以及文化创意和设计服务两大类，主要包括多媒体、动漫游戏软件开发、数字动漫、游戏设计制作等。2018 年，经过近 6 年的发展，以"互联网+"为依托的文化新业态成为文化产业新的增长点，过去的分类方式已难以囊括文化产业的方方面面，因此，国家统计局在 2012 年修订的基础上，新增了互联网游戏服务、互联网文化娱乐平台以及可穿戴智能文化设备制造等。这次分类明确了文化及相关产业是指为社会公众提供文化产品和文化相关产品的生产活动的集合，主要涵盖两个方面：一是以文化为核心内容，为直接满足人们的精神需要而进行的创作、制造、传播、展示等文化产品（包括货物和服务）的生产活动，具体包括新闻信息服务、内容创作生产、创意设计服务、文化传播渠道、文化投资运营和文化娱乐休闲服务等活动；二是为实现文化产品的生产所需的文化辅助生产和中介服务、文化装备生产和文化消费终端生产（包括制造和销售）等活动。

二、科技

(一) 科技的概念

通常情况下，人们习惯把科学和技术连在一起统称为"科学技术"，简称"科技"。实际二者既有密切联系，又有重要区别。科学是指研究自然现象及其规律的自然科学，它要解决的问题是发现自然界中确凿的事实与现象之间的关系，并建立理论把事实与现象联系起来；技术是指根据自然科学原理生产实践经验，为某一实际目的而协同组成的各种工具、设备、技术和工艺体系，但不包括与社会科学相应的技术内容。总而言之，科学解决理论问题，技术解决实际问题。

(二) 科技的作用

科学技术作为先进生产力的重要标志，对于推动社会发展有着非常重要的作用，主要体现在以下三个方面。

认识方面。科学技术的认识功能主要体现在对自然现象和现象背后的本质和规律的认识。第一，科学技术通过构建理论和学科体系使人类认识自然的本质和规律，使人类对自然界的认识由感性上升到理性，并推动人类认识快速发展。第二，增强人类的预见和预测能力，因为知识的积累、理论体系的形成使人类逐步把握了事物发展的基本规律，从而开阔了视野，并能够根据已有的认识，分析、推测和判断事物发展趋势。第三，发展改进人类的认识和思考方式，科学技术不仅揭示了自然规律，而且揭示了人类思维规律，从而影响和改变人类认识和思考世界的基本方式，同时，科学技术的发展，还创造出了新的思维工具和方式，提高了人类的思维能力，推进了人类对世界的认识。

生产力方面。"科学技术是第一生产力"这一论述充分表明，科学技术是推动现代生产力发展的重要因素和力量，它决定着生产力的发展水平和速度。第一，科学技术的发展使生产力的基本要素发生了根本性变化。如，劳动者掌握了先进的科学技术，认识自然、改造自然的能力得到了提高，劳动生产能力也随之提高。再如，科学技术迅猛发展的今天，生产线的自动化、生产设备的智能化互联、物流和供应链的数字化协作已成为标准的生产方式，不仅大大提高了生产效率，还减少了人工和物质资源的浪费，使生产成本和产品价格更加合理。第二，现代化科学技术的超前性对生产力发展具有先导作用。第二次技术革命以来，以生产带动科学技术发展的情况发生改变，科学技术越来越走在社会生产的前面，开辟着生产发展的新领域，引导生产力发展的方向。邓小平在总结科学技术这一发展趋势时深刻指出："现代科学为生产技术的进步开辟道路，决定它的发展方向。许多新的生产工具新的工艺，首先在科学实验室里被创造出来。"

社会变革方面。近代以来的几次科学技术革命，将社会发展推向了一个新的阶段，当今时代，新一代信息技术、生物技术等的高速发展，也正在引发社会的深刻变革。第一，通过推进生产力的发展，为社会变革提供物质基础和手段，特别是生产效率的提高、物质财富的积累、技术手段的更新，为社会的全面变革提供了源源不断的动力。第二，科学技术对社会变革的影响还体现在教育、社交和信息传播、医疗和健康、环境保护和可持续发展等诸多具体领域。如，在线教育的兴起使知识不受时空限制更加广泛地传播，人们可以通过网络获得高质量的教育资源，可以通过沉浸式学习获得更深入的理解和应用知识的能力；各类网络媒体、社交平台的兴起，使人们更加便捷、高效地获取、交流和分享信息；基因编辑、精准医疗等技术的突破使疾病的早期预警和精准治疗成为可能，远程医疗技术使患者能够方便地接受来自全国各地甚至世界各地的优质医疗服务，减轻了医疗资源的压力。

此外，科学技术也是国际政治斗争中的一个筹码和大国地位的象征。邓小平曾指出："如果六十年代以来，中国没有原子弹、氢弹，没有发射卫星，中国就不能叫有重要影响的大国，就没有现在这样的国际地位。"可见，科学技术的发展对国际政治格局具有深刻影响。通过科技创新，提升国家综合实力，维护国家政治安全。

三、文化和科技融合的内涵

(一) 文化和科技的关系

从产业融合的角度来看，英国学者塞哈尔和意大利学者多西认为，产业融合起源于产业之间的技术关联，本质是某一种技术范式向不同产业扩散，促使这些产业出现技术创新，进而实现产业融合。以此来分析文化和科技融合，可以理解为文化产业依托高新技术产业的技术手段或成果，提升服务水平，创造新的产品，甚至催生新的业态等一系列现象。宏观上，企业战略与政府推动促发了文化和科技融合，在这一过程中，要素层面、企业层面及产业层面的融合引发了文化生产方式变革，促进了产业内部裂变，推动了文化和科技融合。而实际上，文化和科技融合更倾向于"一种不同市场和产业进入壁垒的消除"，一方面，传统制造业逐步向技术密集型、知识密集型产业转型，使得文化与科技的经济价值得到快速提升，相关行业越来越重视融合创新；另一方面，随着信息网络的发展、媒体技术的集成等，文化产业、高新技术产业市场结构性变化呈现出精简化、扁平化特征，而企业在寻求更好、更快的发展过程中，推动了文化和科技融合。

因此，我们认为文化和科技融合就是指通过将文化元素、理念、内容、形式等与科学技术的理论、方法、手段和精神等有机结合，改变有关产品的价值与品质，形成新的内容、形式、功能与服务，更好地满足人民群众不断增长的物质文化需求的创新过程，两者有着密切的互为支撑和互相影响的关系。

(1) 科技是文化的重要内容。文化是人类所创造的物质财富和精神财富的总和，反映了一定时期物质文明和精神文明的水平和特点。科学技术作为社会智力发展的一个方面，既是文化的重要内容之一，也是文化的重要体现形式。

(2) 文化发展为科技发展奠定了重要基础。人类物质财富和精神财富是互相促进的发展领域，没有社会文化水平的整体提升，科技也难以获得发展的土壤和应用的空间。文化的发展不但为科技发展提供了必要的环境条件，也影响着技术的选择与发展路径，进而对社会发展产生新的影响。

（3）科技发展为文化产业发展提供了重要支撑和手段。正是有了电影、电视、互联网等技术的发展，文化有了更多的表现形式和传播手段。新闻出版、广播、电视、电影、传统文化保护等文化服务行业的升级，新的文化服务形式和业态的形成，都需要科技的支撑和引领。

（4）科技的应用塑造着社会文化的形态，影响着大众文化的变迁。高新技术的发展直接影响着社会文化及其发展演变。同时，科技与文化结合，充分体现了以人为本、可持续发展的理念，有效推动新技术的转化应用，促进物质文明向着健康的方向发展。

（二）文化和科技融合的主要方面

文化和科技融合主要体现在四个方面。

（1）思想意识方面。人文精神情怀和科学精神思想是人类思想意识活动中最重要的两类结晶。人文精神是对人的价值的不断追寻的精神，注重求善、尚美；科学精神是人类在揭示自然和社会运动内在规律时所体现出来的精神气质，注重求真、务实。人文情怀属于价值范畴，重点是人生观和价值观的问题；科学思想属于认识范畴，重点是世界观和方法论的问题。只有人文和科学协调平衡，人类社会才能获得持续发展。因此，如果说科技是人们改造客观世界的动力，文化则体现了人们对这一进程的积淀和审视，两者的融合将使人文精神插上科技理性的翅膀，飞得更高。

（2）知识技能方面。与科技有关的知识是人类对于客观规律的认识和总结，文艺作品是对社会经济发展的一种记录。意大利艺术大师让·维诺特曾提出："放弃科学等于失去真正的艺术。"文艺探索和科技探索一样，是人们揭示客观世界奥秘、获得新知识和探索真理的工具。文艺创作中，需要理性的光辉；科学探索中，也需要文艺的灵感。文化与科技在知识技能上融合将实现文理通融，人类文化与科学知识的极大丰富，艺术与技术的长足进步。

（3）行为模式方面。文化和科技的融合给人们的生活方式带来了深刻影响，今天，生活方式和数字技术谁也离不开谁，并产生了极大的依赖性。一方面，科技创新改变了文化产品消费理念和习惯，拓展交易市场和消费领域。如，数字娱乐和网络购物促进了宅人化的数字化消费生活，未来会有更多的文化产品将由宅人们在家里消费。另一方面，造就了广播电视制作人、动漫游戏新媒体从业者、演艺娱乐中介服务人员等一大批新型人才。行为模式的主体是人，文化和科技融合倒逼培养了一批创新型、复合型、专业型人才，具有"科技人才文化化、文化人才科技化"的特征。

（4）产业产品方面。文化和科技产业产品融合是以科技需求和文化需求为导向，加强文化和科技的融合创新，促进不同产业在技术与制度创新的基础上相互渗透、相互交叉，最终融为一体，逐步形成新的产业形态和新的文化科技产品的动态发展过程。如今，在科技创新支持下，文创产品与更多产业融合，实现了文创产业结构升级，重塑了商业竞争格局。

第二节　文化和科技融合价值

习近平总书记指出，文化和科技融合，既催生了新的文化业态、延伸了文化产业链，又集聚了大量创新人才，是朝阳产业，大有前途。可见，文化和科技融合对推进文化产业发展，提高社会生产力具有重要意义。同时，两者的融合也在增强文化自信、建设文化强国等方面发挥着重要作用。

一、文化和科技融合的时代价值

（一）有利于更好地服务社会主义文化强国战略

党的十九大报告明确了新时代文化建设在中国特色社会主义总体布局中的定位，提出了建设社会主义文化强国的奋斗目标。当前，科技对文化经济领域的全面渗透创造了全新的文化发展格局，在中国建设社会主义文化强国的3个阶段中，第一阶段（1980—2020年），要基本形成国家文化软实力体系，并不断解决文化发展中的不平衡和不充分问题；第二阶段（2021—2035年），建设世界文化大国，形成以创新驱动的文化生产力体系，创造出优于发达国家的大量文化产品和文化服务，同时，经济实力、科技实力将大幅跃升，跻身创新型国家前列；第三阶段（2036 年到 21 世纪中叶），成为全球文化强国，进入全球文化要素供应链、文化产品价值链、文化消费服务链的中高端，科技已成为必不可少的因素。文化和科技融合就是运用高新技术改造传统文化产业，培育新的文化业态，增强文化产品的表现力、吸引力和感染力，努力把科技进步的最新成果应用于文化事业和文化产业发展的各个方面，能够极大地提升文化的传播力、影响力，有力保障社会主义文化强国建设。

（二）有利于推进文化和科技事业相互作用协同发展

从 20 世纪 30 年代至今，印刷技术、摄影技术、广播技术、数字技术等新技术的出现都在文化产业发展的历史长河中起着重要的分界岭作用，每一次技术革命都会带来文化产业的巨大变革。美国著名历史学家麦克高希提出"人类文明的界定是以文化技术为参考值"，中国科学院张树武提出了"文化经济 4.0"的概念，即文化、科技、经济三者之间的融合互动与协同发展。创新是文化和科技的属性，而融合则是创新发展的基础。对文化来说，科技创新已经渗透与文化相关的设计、生产、消费、传播各个关键环节，文化产业的价值链与供需链正在颠覆，科技成为文化产业升级、转型的重要引擎和核心支撑。对科技来说，文化是创新成长的土壤和根基，文化在观念、制度、方法、价值等多个层面上影响科技创新的发展方向和速度，成为提升科技产业竞争力和价值追求的重要引擎。因此，文化和科技融合发展是推进文化和科技事业共同发展的有效途径。

（三）有利于更好地满足人民精神文化生活新期待

当前，中国特色社会主义进入新时代，我国社会主要矛盾已经转化为人民日益增长的美好生活需要和不平衡不充分的发展之间的矛盾。这意味着当代中国在站起来、富起来向强起来的转换中，当代中国人的需求也在发生深刻变化，已经由主要满足物质需求，转化为主要满足精神需求。而新时期人民群众对精神文化的需求呈现出新特点，即更加个性化、多样化、层次化、品质化和国际化。因此，促进文化和科技深度融合，转变文化发展方式，推进文化事业和文化产业更好更快发展，将有利于进一步繁荣发展社会主义文化，提供更加丰富优质的精神文化食粮，更好满足人民日益增长的美好精神文化生活需要。

二、文化和科技融合的现实意义

（一）有利于提升文化行业生产效率

传统的文化行业属于人力资源密集型行业，生产效率低下。随着新一代信息技术等的广泛应用，文化产业链条得到不断重塑和升级，大大缩短了从创意到产品的转化周期，传统文化业态被颠覆和重构，新的文化业态迅速发展，极大地提升了文化行业生产效率。如，利用人工智能辅助文化内容创作生产，也就是让人工智能在烦琐复杂且有规律的文化内容创作生产中做好技术辅助，告诉人们创作规律，将需要的素材进行整理，让设计师能够把更多精力放在高端创意上，从而提高文化产品创作生产效率，促进文化科技产品和服务规模化、集约化发展。

（二）有利于重组文化生产关系

科学技术的发展不仅使文化生产力发生了重大变化，而且重构了生产关系。推动文化生产由线性生产走向网状生产，由原来的生产者生产什么、消费者就消费什么向基于消费者偏好进行多样化、定制化生产转变；由专业化生产走向社会化生产，随着数字技术的应用，设计门槛一再降低，普通人也能广泛参与文化创作，推动由专业化生产向社会化生产转变；文化生产全链条由内部分工走向社会化大分工，伴随着数字技术的发展，万物互联成为现实，形成一个透明的服务网络，促进整个社会的文化生产进行大分工。文化产业链条上的不同生产主体以产品或服务为导向各自发挥自己的优势，主攻产业链条的某些模块，避免每个企业进行全产业链重复开发，造成资源浪费。

（三）有利于重构文化生产流程

数字技术在文化产业的应用，使很多传统产业的创作与生产得到极大简化，由单向性向并行性、由线性向矩阵式转变，重构了生产流程。如，XR（扩展现实）等技术在电影拍摄、计算机动画制作等领域的应用，重构了电影制作流程。随着这些技术越来越多地运用于电影等拍摄流程，导演能够以最快的速度实时监控镜头的构图、运镜轨迹，各个环节的可视化，提高了导演指导拍摄的效率和质量。融媒体技术与平台的发展重构了新闻采编发流程。通过融媒体，不少传统纸媒打通新闻策划、采集、编辑、播发整条内容生产链，进一步推动"中央厨房"式的采编与传播体系落地，完成"一次采集、多元生成、多渠道分发"的流程再造。

（四）有利于满足新的消费需求

信息时代的来临，人们产生了不受时空限制、自由自在享受多层次文化产品和服务的需求，同时也更加追求有文化气质、有设计感、个性十足、智能便捷的文化产品和服务，而文化和科技融合作用于智慧设计、智能生产、精准传播、互动体验等领域，不仅扩大了文化创新产品供给、培育了新型文化业态，同时，进一步提升了文化内涵、简化了消费流程、促进了情感共鸣，契合了人们新的消费需求。此外，通过打造数字内容IP（Intellectual Property，知识产权），即以数字形式创建、存储、传播和使用的各种原创内容、创意作品和知识产品，实现"一个平台、多业共享"，打通跨产业接口，成为文化赋能其他产业的链接基础。从《2022中国品牌授权行业发展白皮书》授权市场的IP品类分布来看，数字内容IP占比达到约50%，其中，卡通动漫占比最高，达到28.2%，电子游戏占比9.3%，影视综艺占比9.2%，网络文学占比2.5%，进一步促进了文化产品的多样化。

三、文化和科技融合的发展作用

（一）实现了创意平权

创意和设计在过去有较高的专业门槛，能进入这一领域的要么是艺术人才，要么是精通设计软件的人才。随着新技术的应用，创意和设计的门槛一再降低，普通人也可以发挥巨大的创意潜能。如，腾讯利用数字化技术解构了敦煌壁画、藻井、雕像的200多种文化元素，开放给小程序后，短短一个多月的时间，200多万人次参与设计，形成了10多万份可以商业化的创意作品。又如，Gucci（古驰）风格的三兔共耳、波普风格的囚鸟、青花瓷风格的飞天，过去这些丝巾都只能出自专业的时尚设计师之手，现在却是普通消费者也可以轻松制作的产品。再如，阿里的人工智能设计师鲁班 AI，通过机器学习、需求理解、草图框架制作、文化元素补充、细节完善、系统选择最优方案、输出消费终端一系列全智能化流程，能达到日均设计 4000 万份海报的能力，曾经一个"双十一"期间就设计出了完全不同的 4 亿份海报，这相当于 100 个专业设计师 600 年的工作量。

(二) 实现了传播平权

口耳相传的内容传播方式是最容易转化、最有效力的传播方式，但是受技术发展水平限制，这种方式成本太高。现在，借助互联网社交平台，"屏屏传播""裂变式营销"成为文化旅游传播和营销的重要模式。主要体现在利用社交生态链的关系黏性，以个体为传播节点，将社交平台线上的海量流量导入实体景区。如，茶卡盐湖就是通过朋友圈、微信公众号的传播，从 2013 年的十几万名游客，暴增至 2015 年的 130 多万名游客，2018 年、2019 年连续两年超过 300 万名游客。又如，重庆的梦幻奥陶纪主题公园则是靠"抖音"迅速带火。这些景区在传统营销渠道中的投入都非常低，这种新兴营销方式对未来文化旅游项目整体营销具有较大的借鉴意义。

(三) 实现了制作平权

从文字、图片到语音、视频的内容制作，实际上是生产力的变更，短视频是比文字成本更低的生产力。在文字内容制作阶段，对创作者的要求非常高，既要有专业素养，还要会书面表达。而短视频时代，理论上"文盲"都可以成为创作者，只要对着手机镜头会说、会演，就是合格的创作者，这大大降低了创作门槛，扩大了生产人群。如，"抖音"及其海外版 TikTok，截至 2022 年底，以近 6600 万的下载量，蝉联非游戏类全球移动应用下载榜冠军。除了大量观众，TikTok（抖音）也吸引了大量的短视频创作者，这些创作者利用平台上的创作工具，制作并分享自己的短视频内容，展示自己的才华、兴趣和生活方式，在全球范围内实现了人人都是创作者。

（四）实现了体验平权

临场文化体验会受到时间、空间、收入结构等的影响。以巴黎圣母院为例，一场大火之后，游客短期内难以完整欣赏到巴黎圣母院的壮观景象，这是时间限制。而巴黎圣母院远在巴黎，到现场参观需要较高的成本，这是空间和收入限制。但是，AR（增强现实）、VR（虚拟现实）、MR（混合现实）等技术为我们提供了可能。美国艺术历史学家安德鲁·塔隆曾利用激光扫描，收集了精度达到5mm级别的、超过10亿个数据点，精确记录了巴黎圣母院的全貌。此后，法国游戏公司育碧在"刺客信条：大革命"游戏中，对巴黎圣母院进行了精确的数字复原，通过这项技术，无论何时、何地，有没有雄厚的收入支撑，都能相对完整地体验到巴黎圣母院雄伟的外观、深厚的历史和浓郁的文化。

第三节　文化和科技融合类型

文化和科技融合有诸多分类方式，有的以文化和科技融合的内涵为依据，有的以文化和科技融合主体之间的相互作用为依据，有的则以文化系统与科技系统的运行机理为依据，这些分类方式都从不同角度反映出文化和科技的相互作用。本书则从科技在文化产业链的不同环节发挥的作用入手，将文化和科技融合分为资源数化型、流程赋能型、呈现富化型、传播优化型、复合强化型五种类型。

一、资源数化型

资源数化型是在文化资源采集环节，运用数字技术采集图像、语音、文本、音频、视频等数据资源，并借助高新技术手段对其进行有效存储、管理和保护，进而促进文化资源广泛共享的一种类型。在这一类型中，蓝光存储、数据管理、虚拟化等技术被应用于文化资源的存储、管理和保护中，在有效保护珍贵文化资源的同时，实现跨时空的资源共享，提高了文化资源的整合与服务能力。这一类型主要涉及图书类和美术、文物、百科知识等方面的文化资源，过程一般包括信息采集、资源数字化、数据库构建、资源共享等环节，融合产物往往以云原生数据库的形式呈现。

二、流程赋能型

流程赋能型是在文化创作环节，运用人工智能、大数据、云计算等技术革新文化创作方式的一种类型，包括改编文化知识产权以孵化其衍生价值，并创造相应的数字生态，以及通过智能写稿、智能剪辑、智能设计等提升文化内容的创作效率和创新质量。在这一类型中，图像语义分割、文本分析、图像增强等技术被应用于文化内容创作，通过革新文化创作方式，提升内容创作效率和质量。这一类型主要涉及影视图像类文化资源，以及游戏、动漫、音乐、设计等方面的文化资源，过程一般包括信息挖掘、智能创作、生态衍生等环节，融合产物往往以"网络呈现为主、实体呈现为辅"的数字音视频形式呈现。

三、呈现富化型

呈现富化型是在文化产品和服务交付环节，借助数字技术使文化内容体验更加生动，运用全息影像等技术创新和丰富文化项目，使参与者沉浸式体验演出、展会等文化活动的一种类型。在这一类型中，智能技术被应用于优化文化产品或服务，文化内容体验更加生动，新技术的应用也进一步推动了认知智能产业的创新与落地。这一类型主要涉及展览类文化资源，以及教育、主题公园、演艺、娱乐等方面的文化资源，过程一般包括技术开发、体验区（产品）打造、交付推广等环节，融合产物往往以线下互动展览演出或平台程序等形式呈现。

四、传播优化型

传播优化型是在文化产品信息的传播环节，通过人工智能与大数据分析技术预测用户偏好及市场供需趋势，让文化项目在时间、空间、人群等层面实现精准投放与高效传递，从而提升和改进文化产品与服务营销智慧化水平的一种类型。在这一类型中，机器学习、深度神经网络、基于内容推荐等数字技术被用于文化信息传播。这一类型主要涉及传媒类文化资源，以及广告、出版、影片发行等方面的文化资源，过程一般包括信息分析、智能推荐、分发传播等环节，融合产物往往以线上智能平台等形式呈现。

五、复合强化型

复合强化型是在单个文化产品、文化项目的运营中，综合运用资源数化、流程赋能、呈现富化、传播优化等两种及以上融合方式，共同强化文化内容吸引力和竞争力的一种类型。在这一类型中，数字化、机器学习、文本分析等多项技术被用来赋能文化产业全链条中的多个环节。这一类型主要涉及教育类文化资源，涉及旅游、展览、影视、图书等方面的文化资源，融合过程通常较为复杂，难以形成一般性步骤，融合产物往往以"网络呈现为主、实体呈现为辅"的智能平台形式呈现。

上述五种文化和科技融合类型在融合深度、广度和难度等方面具有不同的特征，具体来看，资源数化型运用的科技手段较为单一，涉及的文化领域相对有限，融合过程中不改变文化内容本质，因此，融合难度小，但深度和广度有限；流程赋能型是综合利用各种科技手段，对文化内容进行创作，是科技在文化创意领域的深度渗入，因此，涉及的文化领域较广，对创新性要求较高，融合的难度也更大；呈现富化型也是综合利用各种科技手段，但不是对文化内容进行创作，而是丰富文化的呈现形态，提升消费体验，因此，涉及的文化领域较为广泛，形式多样且多变，存在一定的创新性要求，融合难度相较于以上两种形式更难；传播优化型所采用的技术手段较为综合，技术也相对成熟，但不改变文化内容本质，因此，融合的深度不深，难度也不大；复合强化型涉及两种及以上的模式复合，通常对文化产品或服务的改变较大，且过程中运用的技术较为综合，技术复杂且较具灵活性，涉及的文化领域更全面，因此，这种模式的融合领域广、程度深，难度最大。

第四节　文化和科技融合特征

随着科技在文化领域的应用不断普及和深化，不仅催生了新的文化业态，而且使整个文化产业发生了翻天覆地的变化，文化和科技融合也随之产生了许多新的特征。

一、跨界融合发展成为普遍现象

文化产业具有产业关联度高、渗透性强、产业链条长等特点，与科技和其他许多产业存在极强的耦合关系，具备融合发展的深厚基础和广阔空间。当前，随着人们消费方式的转变，分享经济、粉丝经济、社群经济正在不断影响和改造着文化的生产、传播和消费流程，打破了传统文化行业壁垒，拓展了文化产业的边界，加速了文化新业态的涌现，文化产业与其他产业之间的融合程度不断加深，朝着跨地域、跨行业的方向发展，形成跨界融合。有的地方推出了一些以地方文化为依托、科技为支撑、提升文化旅游产业层次为目标的大型展示、演艺节目、虚拟体验空间、互动游戏等，受到广大消费者欢迎。同时，也带来了并购潮，一些大型企业通过跨行业、跨领域、跨地区、跨所有制收购重组，完善产业链条，拓展成长空间，提升竞争优势。

二、"互联网+文化"向纵深推进

互联网发展到今天，已不再只是一种信息传播工具，而是一种全新的思考方式，并成为构造文化新业态的重要力量。随着5G时代的到来，"互联网+文化"正在向纵深推进，"物联网+文化"逐步兴起。量子基金创始人之一、国际投资大师吉姆·罗杰斯曾表示，未来 20~30 年，数字网络产业将发展成为中国的支柱产业。调研了解到，在传媒领域，19~35 岁的人群通过网络观看视频的比例超过 70%，互联网文化娱乐平台在给传统传媒和娱乐格局带来冲击之余，也培育了新的发展模式和业态，创造了巨大的商业价值。目前，我国三大电信运营商的主营业务基本都与文化产业相关，有实力的文化科技企业也逐步将业务向互联网领域拓展，努力推出各种适应市场需求的产品和服务。

三、数字创意产业成为重点领域

当前，依托数字技术进行生产、传播和服务的数字创意产业呈现"井喷"式发展。主要表现在：以 IP 为核心的数字创意产业发展生态体系正在形成，"平台+内容""IP+技术"的商业模式成为主流，以内容为核心的 IP 全版权运营模式向游戏、影视、动漫、文化旅游全产业链延伸，形成新的产业格局和生态体系；数字技术推动文化遗产的创新性发展和创造性转化，文化遗产 IP 通过现代数字技术活化，形成文化和科技相结合的文化体验场景和 IP 文创产品；数字创意产业推动区域创新与城市品牌传播，数字创意与城市的结合，不仅为数字创意产业发展开拓了新的空间，也带动了城市经济的发展和消费升级。

四、文化创意成为价值中枢

创意一直以来都是推动人类社会文明进步的源泉。我国文化产业也引入了创意产业的概念，其意义在于强调创意产业是一个独立的产业，及其对整个经济增长和产业结构改变的影响。在当今时代，创意产业位于整个产业价值链的高端，决定企业资源配置和利润来源，引导市场消费需求走向，培育和完善产业价值链的中端和低端，已经成为决定企业发展存亡的关键因素之一。越来越多的企业家看到了这一趋势，纷纷将更多的资源集中在创意产业，从组织、制度、人才等方面入手，提升创新活力。

五、协同创新成为主要手段

协同创新的关键是形成以企业、高等学校、研究院所为核心要素，以政府、金融机构、中介组织、创新平台、非营利性组织等为辅助要素的多元主体协同互动的网络创新模式，通过知识创造主体和技术创新主体的深入合作和资源整合，产生系统叠加的非线性效用。科技型文化企业所提供的产品和服务技术含量较高，使得其研发过程长、难度大，这就要求企业必须整合各类资源，集聚创新要素，从单兵作战转向协同创新，实现效率和效益的最大化。如，亚洲的视频游戏产业，通常就是由我国台湾地区设计游戏脚本，在上海制造，在英国做音乐设计，到欧美销售，这类创意产业的空间分布既可按上下产业链形成完整的产业集聚，也可按专业分工集聚。

六、新的文化市场主体快速崛起

近年来，以传统技术和生产方式为主的文化企业受现代科技更新的影响正在逐步退出市场，或在市场中的份额逐步缩减。以现代信息技术、数字技术、互联网技术、量子物理技术、人工智能、3D 打印技术为核心的文化企业正迅速崛起，并逐步替代传统文化企业。如，阿里巴巴、百度、腾讯、抖音等以现代科技为支撑的企业都在主动布局文化产业，并不断拓展发展领域，迅速成为文化领域的头部企业。

第五节　文化和科技融合趋势

从 2011 年提出"科技创新是文化发展的重要引擎"，到 2016 年"数字创意产业"被纳入《"十三五"国家战略性新兴产业发展规划》；从 2020 年提出"推动数字文化产业高质量发展"，到 2021 年"实施文化产业数字化战略"被写入《中华人民共和国国民经济和社会发展第十四个五年规划和 2035 年远景目标纲要》，再到 2022 年提出"推进实施国家文化数字化战略"，以习近平同志为核心的党中央高度重视科技创新对文化产业发展的巨大影响，尤其是以数字技术为代表的新技术的开发应用，已成为文化和科技融合的重要趋势。

一、文化消费向深度沉浸式体验演进

人工智能、虚拟现实、声光电技术、VR、AR、大数据、交互展陈等技术，以及 5G 技术、数据中心等"新基建"的发展，为文化消费向深度沉浸式体验演进提供了强大的技术和基础设施支撑，尤其是 5G 的普及和云计算的日益成熟，将进一步推动终端设备的轻量化和可移动化，基于深度学习算法的 AI 技术将进一步提升数据采集和处理效率，催化了消费者和企业对于沉浸式体验的认知提升，为沉浸式媒体的应用带来了巨大的发展空间。以 VR、AR 等为代表的沉浸式媒体，通过物理世界和虚拟世界的融合共生，带来全新的沉浸感和临场感体验，正在成为文化消费体验升级的方向。如，《又见平遥》和《天酿》等沉浸式展演、苏州"姑苏八点半"沉浸式夜游、泡泡玛特城市乐园沉浸式体验等，都获得了巨大的成功。此外，"VR+文化旅游""VR+文博""VR+会展""VR+书店"等迎来升温发展，腾讯多媒体实验室打造 VR360、点云等沉浸式媒体解决方案，也已经在文化旅游、会展等领域应用落地。2021 年，沉浸式文化旅游新型业态培育平台发布暨国家文化科技创新服务联盟沉浸式产业专业委员会正式成立，进一步印证了该趋势。

但我们也应看到，目前，沉浸式体验受设备、技术等条件限制，仍然存在观看限制较大、互动性较弱、真实世界和虚拟世界的体验相对割裂等问题，尚处于部分沉浸阶段。随着技术的发展，如，6D 将带来的更高观看自由度，8K、12K 等将带来更高显示清晰度，声音交互、触觉反馈、动作捕捉等将带来更多感官体验和交互，使听视觉更逼真、交互更自然流畅，人们感受到的将是虚实难辨的到场感。可预见的是，未来沉浸式体验将由部分沉浸向到场体验转化。

二、内容生产向工业化演进

从文化产品和服务的数字化，到生产流程和商业模式的数字化，科技对文化产业的变革影响日趋深化。尤其是近年来平台型生态体系的逐步形成，改变着传统线性文化内容生产模式，推动文化内容从生产到消费的双向互动和开放链接，开启了"人人都是创意者"的文化共创时代。

以群众喜闻乐见的视频内容生产为例，短视频内容生产正在向以技术为驱动、数据为导向的工业化体系升级。与视频相比，短视频文字门槛更低，具有泛众表达的优势，内容供给的量级较传统网媒、文字自媒体呈指数级增长。因此，众多短视频平台把重点放在底层数据和算法能力的构建上，打造生产系统、用户系统、分发系统等系统工具，实现智能化的内容理解、用户理解，以及亿级内容生产和亿级用户消费的实时精准匹配。当前，随着短视频产业步入成熟期，短视频创作者也步入创作和生存的深水区，想在市场中突围，对于创作者的能力要求已远远超过"自给自足"的全民创作和业余选手范畴。头部创作者普遍开始采取机构化运作的方式，这种方式具有固定的团队、清晰分工、标准化流程和规范的管理制度，并通过平台算法驱动内容分发，将数据指标作为内容创作的"晴雨表"，提高账号的孵化效率。可见，在短视频内容工业化生产模式下，平台算法正在深刻影响短视频内容创作。除了短视频以外，长视频内容生产正在向产业链全面数字化迈进，平台数据作用愈加凸显。对于影视剧等长视频内容生产而言，工业化体系涉及立项筹备、拍摄、后期制作、发行放映、归档等全产业链的数字化能力。而基于平台的数据赋能，在视频播放和搜索热度、网络电影分账票房数据等分析方面，能够使平台和制作公司在项目评估和开发阶段就更加贴近市场，抵抗不确定风险。如，在项目策划环节，美国网络视频平台奈飞之所以会跳过传统首播集试水模式，以1亿美元的高价直接预订两季《纸牌屋》，是因为其首席内容官基于平台用户观看数据，发现了3个关键点：一是英国版的《纸牌屋》拥有大量的观众群；二是大量用户观看并非常喜欢大卫·芬奇执导的《返老还童》《社交网络》；三是喜欢看英国版《纸牌屋》的用户同样也喜欢看凯文·史派西或者大卫·芬奇执导的电影。又如，在复盘环节，网络电影通过大数据分析用户在观看过程中的跳出、回看、快进、倍速播放等观影行为，及评论等定性内容，可以直观地让片方了解到用户对于具体电影内容的偏好，从而更有针对性地优化观影体验，向更贴近用户需求的数字化生产模式升级。

三、文化成为生产要素与泛产业赋能连接

从文化资源到文化要素，文化和科技作为推动文化产业高质量发展的二元动力，影响的范围已经远远超出文化产业范畴。数字技术助力文化资源转化为生产要素，从而打破文化产业边界，推动文化要素与实体经济融合发展，提升相关产业的经济附加值，从而形成在国家文化治理体系下文化资源向文化要素转化，推动实体产业融合发展的产业链条。

文化要素的典型形态就是文化 IP。中国文化资源博大精深，分类也较为多元，包括以文化遗产为主要形式的传统文化资源，以及艺术品、文物、历史文物建筑等具有文化价值的实物资源等多种类别。数字经济时代，借助数字技术实现对文化资源的 IP 化开发已成为常态，通过将文化资源进行数据化提取和原创性改编等数字化开发，形成 IP 化的文化要素，推动文化资源的创新性发展和创造性转化。这种 IP 化的文化要素呈现以下特点：一是能够通过众创进行二次开发形成新的 IP；二是更迭速度更快；三是具有更高的产业价值；四是能够打破地域限制；五是能够借助互联网流量平台实现 IP 影响力的快速扩张等。随着技术的发展，IP 化的文化要素与实体产业或场景加速融合，不仅能够延伸产业链，同时能够助推实体经济形成新的价值空间。最有代表性的要数 "IP+文化旅游" 了。贵州省文化和旅游厅与腾讯公司天美 J1 工作室 QQ 飞车手游共同开发的电竞游戏 "一路向黔"，该游戏将贵州美丽的自然风光和绚丽的民族文化等旅游资源打造成游戏赛道，短短几分钟的赛道，将经典地貌一一复刻，让玩家一边疾驰，一边欣赏到贵州的壮美山川，唤起年轻玩家对于地域记忆的情感共鸣，通过游戏 IP 为贵州文化旅游产业赋能，上线首周销售收入超 134 万元，带动当地旅游产业价值 400 万元，形成了独具特色的 "电竞体育+旅游文创" 助力地方产业发展的新路径。腾讯也曾联合上海豫园、洛阳应天门、徽州古城等国家级非遗项目打造王者荣耀千灯会，游客能够强烈感受到数字文化 IP 与传统文化的关联，洛阳、上海相关景点活动

期间的客流量环比增长超过 5 倍。这种线上流量反哺线下实体的形式，不仅推动了年轻群体对传统文化的认同，同时也借助 IP 在年轻群体中的流量红利，带动相关地区文化旅游消费的人气和体验升级。不难看出，因地制宜提炼各地特色文化资源，融入多元化的数字文化产品进行"触网"融合创新，助力城市文化 IP 打造，反哺线下文旅文创等实体消费，已经成为文化和科技融合的新趋势。

第二章　文化和科技融合体系

文化和科技融合是一项复杂的系统工程，关系复杂、变量众多的影响因素在相互作用过程中逐渐形成体系。党的十七届六中全会第一次明确提出"文化技术创新体系"这一概念，《中共中央关于深化文化体制改革　推动社会主义文化大发展大繁荣若干重大问题的决定》提出，健全以企业为主体、市场为导向、产学研相结合的文化技术创新体系，培育一批特色鲜明、创新能力强的文化科技企业，支持产学研战略联盟和公共服务平台建设。这为我国推进文化和科技融合理论探索、积累文化和科技融合实践经验打下了良好的基础。

第一节　文化和科技融合体系的构成

研究文化和科技融合体系，就必须准确地认清和把握融合过程中的影响因素，明确各影响因素之间的主次关系和相互作用，进而从更深层次掌握其发展规律，解决遇到的问题。

一、技术体系

技术体系是指社会中各种技术之间相互作用、相互联系，按一定目的、一定结构方式组成的技术整体，是科技生产力的一种具体形式。在现实社会中，技术体系是一个极其复杂的纵横交错的立体网络结构，易受自然规律和社会因素的影响。首先，技术与技术之间的联系、作用受自然规律的影响。例如炼钢，不但要掌握炼钢技术，还要掌握能源、机械生产等一系列的准备技术，即各专业技术之间存在广泛的联系。其次，各项技术之间的联系又受到社会因素制约，因时代、地理、国家的不同，技术之间的联系方式也不同，如从能源技术与其他技术之间的联系看，有水利、煤、石油等能源与其他技术之间的联系，也有原子能、太阳能与其他技术之间的联系。

文化和科技融合技术体系包括文化科技基础学科、文化科技基础技术、文化科技专业技术。生命科学、认知科学、心理学、材料科学、声学、艺术学等，是文化和科技融合领域重要的基础学科；视觉技术、听觉技术、体感技术、文化数字化技术等，是文化和科技融合领域常见的基础技术；音乐科技、美术科技、舞蹈科技、舞台科技、文物保护技术、工艺品技术、印刷技术、电影技术、广播电视技术、图书馆技术、博物馆技术等，是文化和科技融合领域的专业技术。

二、创新体系

创新体系是指以政府为主导、充分发挥市场配置资源的基础性作用、各类科技创新主体紧密联系和有效互动的社会系统，主要由创新主体、创新基础设施、创新资源、创新环境、外界互动等要素组成。一般情况下，创新体系包括以高等学校和科研机构为主体的知识创新体系，以企业为主体的技术创新体系，以政府为主体的制度创新体系，社会化、网络化的科技中介服务体系，金融和作为基础设施的信息网络等。

文化和科技融合创新体系则是指由文化科技创新主体、创新基础设施、创新资源、创新环境、外界互动等要素构成的，专门从事文化科技创新活动的有机整体。文化和科技融合创新主体由知识创新主体、技术创新主体、管理创新主体和中介服务主体等多元主体构成。其中，知识创新主体主要从事文化科技基础研究，包括承担知识创新任务的国家级和省级实验室、国家级和省级重点实验室，以及高等学校、科研机构等，为文化科技的基础研究和技术创新提供知识基础；技术创新主体主要从事文化科技技术创新研究，包括从事出版、印刷、传媒、影视、演艺、网络、动漫等领域创新活动的文化科技企业，这些企业是文化科技研发投入主体、技术创新活动主体和创新成果转化主体，是科技创新成果实现商品化的关键；管理创新主体是各级政府，其主导作用体现在制定和组织实施政府层面的文化科技发展规划，通过颁布一系列产业、金融、人才等相关的法律法规和政策，营造良好的文化和科技融合发展环境；各级各类遍布民间的文化科技行业协会及各类文化科技中介组织也是文化科技创新的主体，它们作为中介桥梁，把知识创新主体、技术创新主体以及管理创新主体联系起来，促进各主体相互联系、相互作用，形成有机联系的整体，有效开展文化科技创新活动。

文化和科技融合基础设施包括广义和狭义基础设施、传统和新型基础设施。广义的文化和科技融合基础设施是指会对文化和科技融合产生影响的硬件和软件设施，主要包括用于支撑文化和科技融合科学研究、技术开发、产品研制的具有公益属性的基础设施，用于支持文化和科技融合的人力资源和金融资源、公共政策，以及目前的整体科技水平。狭义的文化和科技融合基础设施是指社会供给的、旨在满足多个文化科技企业应用的、与产业相关的能力集合。强调政府应通过制度创新来提升文化科技企业获取技术的能力。如，建立文化和科技融合技术创新战略联盟和公共服务平台，打造专业化的文化和科技融合研发机构和工程中心，建设文化和科技融合示范基地和文化科技企业孵化基地等。传统的文化和科技融合基础设施是指博物馆、图书馆等公共文化服务基础设施，它们不仅在内容上凸显特色和价值，也因地制宜地传播丰富的科学文化内容。随着时代的发展，文化和科技融合需求的不断深化，需要逐步打造系统完备、高效实用、智能绿色、安全可靠的现代化基础设施体系，这是文化和科技融合的新型基础设施。

文化和科技融合创新资源是指社会上一切直接或间接地为文化科技创新活动所需要并构成生产要素的，具有开发性、利用性、选择性的科学资源和技术资源，以及与创新相交叉的资源总和。从资源本身的特点出发，可以将其分为有形资源和无形资源。有形资源包括人力资源（企业家、生产工人、管理人员、研发人员）、财力资源（风险资本、研发资金、银行贷款、其他融资）和物质资源（土地厂房、生产设备、研发仪器、交通道路等基础设施）。

无形资源包括创新环境、创新制度、技术支持体系。其中，创新环境尤为重要，它是国家政策与法规、管理体制、市场和服务的统称，是为文化科技创新提供规则和机会的体制和结构因素，它强调的是文化科技企业、科研机构、高等学校与政府之间为促进文化科技创新而形成的复杂网络关系。创新环境本身也存在广义和狭义之分。广义的文化和科技融合创新环境是指在创新过程中，影响文化科技创新主体进行创新的各种外部因素的总和，主要包括国家对文化科技创新的发展战略与规划，国家对文化科技创新行为的经费投入力度以及社会对文化科技创新行为的态度，等等。狭义的创新环境是指文化科技企业外部的技术、文化、技能、劳动力市场等非物质社会文化因素。

第二节　文化和科技融合体系的运行

文化和科技融合发展具有跨行业、跨领域的特点，既有赖于文化企业、科技企业基于市场机制的跨界融合和产品创新，也有赖于政府部门搭建跨界交流、分享和协同的平台，其体系运行的核心是文化科技创新活动，作用体现在对其组成主体政府、企业、科研机构和高等学校等的组织与协调，使其相互作用，发挥各自的优势，形成良性互动。

一、文化和科技融合技术体系运行

上一节谈到"文化和科技融合技术体系包括文化科技基础学科、文化科技基础技术、文化科技专业技术"，实际上可以理解为两个大的方面，即知识创新和技术创新，这两个方面虽然侧重不同，但最终将通过"产学研结合"的方式融汇到一起，将研究成果转化为适应市场需求的产品，再把部分产品盈利投入科研，开发出"含金量"更高、市场适应性更强的创意产品。

知识创新主要开展智能科学和体验科学等基础研究，包括语言及视听认知表达、跨媒体内容识别与分析、情感分析等智能基础理论与方法研究，人机交互、混合现实等关键共性技术开发，促进类人视觉、听觉、语言和泛在物联等智能技术在文化领域的创新应用。技术创新分为两个层面，一是共性技术层面，主要是面向文化创作、生产、传播和消费等环节，开展文化资源分类与标识、数字化采集与管理、多媒体内容知识化加工处理、VR/AR 虚拟制作、智能创作等文化生产技术研发，开展文化产品多渠道发布、多网络分发、多终端呈现等文化传播技术研发，开展基于大数据的个性化推荐、产品与服务质量评估等文化服务技术研发，开展文化资源保护与开发利用、知识产权保护与侵权追踪、舆情分析与内容安全监管、文化艺术品鉴定等文化管理技术研发；二是系统集成应用技术层面，主要是以数字化、网络化、智能化为技术基点，推动新一代信息技术等在新闻出版、广播影视、文化艺术、创意设计、文物保护利用、非物质文化遗产传承发展、文化旅游等重点领域的应用，开发内容可视化呈现、互动化传播、沉浸化体验技术应用系统平台与产品，优化文化数据提取、存储、利用技术，发展适用的数字化技术和新材料、新工艺。

二、文化和科技融合创新载体体系运行

创新载体是文化和科技融合创新体系中最重要的组成部分，其发展的好坏直接关系到文化和科技融合的成败。从我国各省建设发展情况来看，文化和科技融合创新载体主要有以下几种。

一是文化和科技融合示范基地。文化和科技融合示范基地一定程度上就是文化产业的集聚区。不同于传统文化产业对空间载体的要求，文化和科技融合创新更加需要兼具政策扶持、项目孵化、风险投资、成果对接转化、综合服务等多种功能的产业生态圈载体。早在 2012 年，科技部等五部门就联合开展了国家级文化和科技融合示范基地建设工作，截至 2019 年先后认定国家文化和科技融合示范基地五批共计 107 家，构建起了集聚类基地服务地方产业发展与实体经济、单体类基地服务行业技术研发与集成应用的文化和科技融合发展新格局。除国家布局外，2019 年，陕西省率先开展文化和科技融合示范基地建设工作，山东、辽宁、湖南、浙江等省相继开展。因此，文化和科技融合示范基地已经成为文化和科技融合创新载体的重要组成部分。这些

基地有的是聚集类，有的是单体类，运行方式也不相同。聚集类载体主要围绕新闻出版、广播影视、文化艺术、创意设计、文化旅游等重点方向，结合区域特色，依托国家高新技术产业开发区、国家可持续发展实验区，以及相关部门认定的国家文化类园区等进行建设，聚集一批文化和科技融合相关要素和企业，并为文化和科技融合发展提供相应基础设施保障和公共服务。单体类载体主要依托文化和科技融合领域取得突出成绩、具有先导性和示范性优势的企事业单位进行建设，通过一系列政策支持，培育形成一批在本领域具有核心竞争力的龙头企业、掌握核心技术的科研机构等。

二是文化和科技融合创新型企业。企业是文化和科技融合的主体，因此，文化领域的科技型中小企业和高新技术企业在文化和科技融合体系运行中发挥着至关重要的作用。从政府的角度来看，在推动它们的发展方面，主要采取打造以高新技术企业为主体的文化领域创新型企业梯队，形成以龙头企业为支点、中小企业紧密配合的发展方式。首先，大力培育文化类高新技术企业，将符合条件的文化科技企业纳入各级高新技术企业培育库，推进文化科技企业加快成长为高新技术企业。其次，鼓励中小文化企业向"专、精、特、新"方向发展，支持文化科技型中小企业上市，与多层次资本市场有效对接，培育一批文化和科技融合特色鲜明的瞪羚、独角兽企业；开展科技型中小企业评价工作，鼓励各地对通过评价的文化科技型中小企业给予政策支持。最后，支持综合实力强的文化企业跨地区、跨行业、跨所有制兼并重组，打造核心竞争力突出、行业牵动力强劲的文化企业。鼓励有实力的文化科技企业连锁发展，并协助推动异地分支机构享受同等政策。充分发挥龙头企业带动作用，通过生产协作、开放平台、共享资源等方式，支持上下游中小企业协同发展。

三是文化和科技融合创新联合体。党的十九届五中全会提出，要推进产学研深度融合，支持企业牵头组建创新联合体，承担国家重大科技项目。文化和科技融合一定程度上就是如何更好地围绕产业链部署创新链的问题。因此，多年来，从国家到地方，都不断聚焦文化和科技融合领域关键共性技术建设重点实验室、技术创新中心等科技创新基地，完善从基础研究到关键共性技术研发、集成应用的一体化创新链条。在这一过程中逐渐明确了企业、科研机构、高等学校、社会组织等各类创新主体的功能定位，推动建设以骨干文化企业牵头、高校院所及上下游企业共同参与的文化类产业技术创新战略联盟，促进产学研结合、上中下游衔接、大中小企业协同，构建开放高效的创新网络。

三、文化和科技融合服务平台体系运行

要更好发挥文化和科技融合载体和主体的作用，服务平台不可或缺，通过搭建企业孵化、信息共享、金融服务、技术服务、展示推广、文化交流等平台，孵化、催化一批创意水平高、技术含量高、市场潜力大的文化产业项目，聚集、扶持符合国家及区域产业发展方向的文化企业，既有利于推动文化和科技融合发展，又可以让人民群众享受到更加丰富、便捷的文化产品和服务。当前，我国文化和科技融合服务平台主要有以下几种。

一是公共文化资源数字化平台。2022 年，中共中央办公厅、国务院办公厅印发《关于推进实施国家文化数字化战略的意见》提出，到 2035 年，要建成物理分布、逻辑关联、快速连接、高效搜索、全面共享、重点集成的国家文化大数据体系，基本建成文化数字化基础设施和服务平台，基本贯通各类文化机构的数据中心，基本完成文化产业数字化布局，公共文化数字化建设跃上新台阶，形成线上线下融合互动、立体覆盖的文化服务供给体系。以此为契机，全国共建设了 11 个国家文化大数据区域中心，分别为东北区域中心、华东区域中心、华中区域中心、华南区域中心、西南区域中心、西北区域中心、东盟区域中心、多语种区域中心、海外区域中心、华北区域中心、南亚区域中心。各省也在积极布局文化大数据平台，四川省组建了省文化大数据有限责任公司，建设运营省文化大数据中心，推动全省文化大数据体系三级贯通；青海建成省级"数字文旅大数据平台"；安徽文化大数据省域中心项目一期平台、湖北长江数字文创大数据服务平台等相继上线，这些平台将与国家文化大数据区域中心互为支撑，形成物理分散、逻辑集中、政企互通、事企互联、数据共享、安全可信的文化大数据体系。通过营造良好的文化大数据应用生态，面向社会开放文化大数据，鼓励公民、法人和其他组织依法开发利用，强化文化大数据公共服务支撑。

二是公共信息技术服务平台。文化和科技融合公共信息技术服务平台以

公共信息资源为支撑，为企业和公众提供多样化服务、信息共享等服务。近年来，国家鼓励国家重点实验室、技术中心及产业园区等，构建面向工业设计、数字媒体、广告创意、网络传播、数字版权等领域的公共信息技术服务平台。一些省市也在积极推动相关平台建设。如，山东提出要积极争取依托国家超级计算济南中心等国家重点实验室、研究中心及产业园区，构建面向工业设计、数字媒体、广告创意等领域的公共信息技术服务平台；支持山东省版权研究中心建设"版权产业链国家重点实验室"，建设科研成果转化平台，实现创新链与产业链、价值链有效连接，形成高效快捷的成果转化通道。

三是文化科技成果转化平台。成果转化平台主要开展信息查询、信息咨询、融资投资、项目申报、科技成果鉴定、科技查新、技术转让、产权交易、合同管理、专利申请以及网络对接会议等服务。近年来，我国布局建设了一批新型文化业态孵化园，建设新型文化业态孵化器、加速器、众创空间等平台，逐步完善多层次风险投资体系，降低创业风险和创业成本、提供优质服务，扶持文化类科技创业企业快速成长，为文化产业高质量发展聚力赋能。同时，强化产权交易所、技术产权交易市场等综合性平台建设，充分发挥市场配置文化资源和创新资源的积极作用，打造文化科技企业产品、技术、服务的展示、推介、交易平台，并利用信息技术、数字技术，探索建立网上文化科技成果交易、区块链数字版权平台。提升各类文化和科技融合成果展览交易会、展览会服务效能，推动文化和科技融合成果创新应用，打造交流对接平台。

四、文化和科技融合政策体系运行

我国历来高度重视文化和科技融合，尤其是近年来，文化科技领域的政策体系不断完善、政策层级不断提升，文化和科技融合从最初的工程项目，逐步上升为国家战略的新高度，形成了良好的文化和科技融合发展环境。

一是文化和科技融合战略部署。2010年7月，胡锦涛同志在中共中央政治局第二十二次集体学习时首次提出文化和科技融合概念，要求推进文化和科技融合，提高文化企业装备水平和科技含量，培育新的文化业态，把文化和科技融合上升为中央层面的一个重大决策。2011 年，党的十七届六中全会通过的《中共中央关于深化文化体制改革　推动社会主义文化大发展大繁荣若干重大问题的决定》明确提出，科技创新是文化发展的重要引擎。此时，文化和科技融合的意义发生了本质的变化，已上升到了文化强国的国家战略意义层面，强调两个方面的重要性：一是发展文化科技创新体系，将文化科技纳入国家创新体系，也就是说把文化建设纳入国家的政治体系框架；二是要发挥文化和科技融合的重要作用，带动国家高新技术产业发展和可持续发展，将文化和科技融合纳入国民经济体系。2012 年，党的十八大报告把文化和科技融合写进"增强文化整体实力和竞争力"部分，强调"文化实力和竞争力是国家富强、民族振兴的重要标志"，并提出"促进文化和科技融合，发展新型文化业态，提高文化产业规模化、集约化、专业化水平"。党的十九大以后，文化和科技融合更是被提到了前所未有的高度，一时间"文化和科技融合"成为社会热词之一。

二是文化和科技融合政策沿革。具体可分为三个时期。一是政策起步期。2012 年，也就是党的十七届六中全会对文化和科技融合提出明确要求一年后，中共中央办公厅、国务院办公厅印发《国家"十二五"时期文化改革发展规划纲要》，明确提出要实施"文化数字化建设工程"，包括文化资源数字化、文化生产数字化与文化传播数字化三大任务，文化数字化正式以国家级工程项目的形态起步。二是政策破题期。2019 年，国务院发布的《关于文化产业发展工作情况的报告》，提出建设文化大数据服务体系的要求；同年，科技部等六部委印发的《关于促进文化和科技深度融合的指导意见》提出，要加快国家文化大数据体系建设。由此，以文化大数据为政策发力点的政策体系逐渐实现破题。全国文化和科技融合示范基地建设、创新创业公共服务平台建设、首都文化和科技融合发展成果展、中国（南京）文化和科技融合成果展览交易会、合肥国际文创旅游商品博览会、云南国际智慧旅游大会数字文旅与科技创新高峰论坛等在神州大地遍地开花，全国上下掀起了一股文化和科技融合、推动高质量发展的新热潮。三是政策新要求期。2020 年，党的十九届五中全会通过的《中共中央关于制定国民经济和社会发展第十四个五年规划和二〇三五年远景目标的建议》，提出了"文化产业数字化战略"两个数字化目标，对文化数字化政策进一步升级提出新要求。2022 年，中共中央办公厅、国务院办公厅印发《关于推进实施国家文化数字化战略的意见》，意味着文化数字化从部门层面正式上升到国家层面，走向国家战略的新高地。

三是文化和科技融合政策重点。从政策内容来看，主要可以分为三类。第一类是专项政策。如，《国家文化科技创新工程纲要》《文化部①"十二五"文化科技发展规划》《上海推进文化和科技融合发展行动计划（2012—2015）》《深圳关于促进文化与科技融合的若干措施》《天津市促进文化和科技融合发展的实施意见》等。第二类是配套政策。如，《杭州市文化和科技融合示范园区、示范企业、示范公共服务平台认定管理办法》《福州国家级文化和科技融合示范基地规划》《武汉国家级文化与科技融合示范基地建设实施方案（2012—2015 年）》等。第三类是把推动文化和科技融合作为发展重点之一的各项相关政策。如，《文化部"十二五"时期文化产业倍增计划》《中共中央　国务院关于深化科技体制改革　加快国家创新体系建设的意见》《文化部"十二五"时期公共文化服务体系建设实施纲要》《湖南省人民政府关于加快文化创意产业发展的意见》《福建省人民政府关于推进文化创意和设计服务与相关产业融合发展八条措施》《上海市人民政府关于加快发展本市对外文化贸易的实施意见》等。从数量上来看，这三类政策分别占文化和科技融合相关政策总量的 27%、12% 和 61%。如果说专项政策是对文化和科技融合的宏观指导，配套政策则从企业、平台、园区、基地建设等微观方面对文化和科技融合发展进行促进，是文化和科技融合的重要抓手，但与其他政策相比数量明显不足。从具体措施来看，无论是哪一类政策都主要是围绕发挥与增强文化和科技的相互促进作用制定，体现在五个方面：推进文化科技创新能力建设，加强文化领域战略性前沿技术前瞻布局，突破一批关键共性技术；利用科技支撑和引领作用，促进传统文化产业转型升级，推动新兴文化产业的培育和发展；优化文化科技创新发展的环境；推动文化和科技融合示范基地建设，发挥其在促进文化和科技融合方面的载体作用；培育文化和科技融合型领军企业，培养文化科技复合型人才等。

---

① 2018 年 3 月，十三届全国人大一次全体会议表决通过并批准了国务院机构改革方案的决定，批准设立中华人民共和国文化和旅游部，作为国务院组成部门，不再保留文化部、国家旅游局。下同。

第三章　文化和科技融合模式

由于文化产品创作的个性化特征，目前我国大多数文化产品仍然是传统的手工产品，因此，尽管文化产品的高价值能够给个体创作者带来丰厚的利润，但无法享受现代制造业集约化、规模化带来的收益，如果用产品制造业经济模式运作文化产业，将难以实现发展预期。但是，我们发现，现代服务经济模式具有技术先进、智力密集、高效便捷和高度市场化的特征，十分符合文化产业发展需求，采用这一模式，更容易取得较高的经济效益，世界许多国家已有成功案例。以动漫产业和网络游戏产业的对比为例。动漫产业在过去很长一段时间采用的是产品制造经济的运作模式，而且是传统手工产品经济的发展方式，运营仍然是以卖给电视台等媒体频道的类产品销售模式为主，使得大多数动漫公司生存面临重重困难。而网络游戏以运营服务为主要盈利模式，成为网络文化产业的主要经济增长极。与工业制造业相比，服务业结构复杂、产业链长，包含多重角色，主体是运营商，单靠技术的突破难以实现整个产业链的优化和重组，发展模式的变革才是产业提升的核心要素。综上所述，与现代制造业遵循的创新驱动、协同发展的原则相比，现代服务业发展所遵循的原则需要在前面加上一条，即"模式引领、创新驱动、协同发展"，这是现代服务业发展的关键所在。就像开车一样，模式好比方向盘，技术是发动机，相互协同才能到达目的地。因此，我们在探讨文化和科技融合时，"模式"就成了十分重要的内容。

近年来，我国学者对文化和科技融合模式进行了很多有益探讨，彭英柯、宋洋洋基于产业融合机制提出了技术驱动模式、跨越发展模式和政府推动模式，陈清华提出了消费促进模式、平台建设模式、产业链延伸模式和数字娱乐体验模式，尹弘等提出了市场主导模式、政府主导模式和政府、市场混合驱动模式。本书在其他学者研究的基础上，通过调研发现，目前我国文化和科技融合主要以政府推动和产学研互动驱动为主，呈现出两大类型、八大模式，即内部生发型和外部支持型，其中，内部生发型包括创意引领模式、技术引领模式、平台创新模式、消费引导模式、产业链延伸模式，外部支持型包括政府驱动模式、协同发展模式、产学研用结合模式。

第一节　创意引领模式

创意引领模式是以内容创意为核心、以技术创新为手段，提升文化产业的创意能力，形成集创意、研究、生产、销售于一体的文化科技产业链。这种模式一方面可以充分发挥文化创意的源头引领作用，另一方面借助高新技术手段包装本土与传统文化，打造出独具特色的文化创意产品。代表企业如迪士尼、华侨城、华强方特等，这些企业通过主题创意，辅以先进的技术手段，打造了一批主题乐园，成功吸引了大批游客。此外，暴雪娱乐公司以游戏创意为核心，推出了"魔兽世界""暗黑破坏神"等广受欢迎的游戏产品。

典型案例：华强方特文化科技集团股份有限公司。华强方特是国内知名的大型文化科技集团，多年来，立足原创，秉承"文化和科技融合发展、创新和创意双核驱动"的发展战略，结合时代特点和市场需求，深入挖掘中华传统文化，以主题公园为载体，进行创造性转化，打造了大批高科技文化主题项目和亦真亦幻的可互动场景，以全新角度和面貌呈现中华文化的生命力，形成了一体化的文化科技产业链，探索出一条文化科技产业规模化、多元化、国际化的发展路径，在国内国际市场上建立起中国文化科技品牌。

在系列主题乐园取得巨大成功之后，华强方特持续创新打造了以中国文化为核心的"美丽中国"三部曲项目，运用高科技的表现手段和参与、体验、互动的展示方式，创新讲述中华民族的昨天、今天和明天。第一部曲——"方特东方神画"，在宁波、芜湖、厦门、济南建成开园，运用数字影像集成技术及微型模拟器、智能座椅、动感轨道车等高科技虚拟交互娱乐装备，创新演绎了众多中华传统典故和耳熟能详的中国故事，创作开发了全息 AR 剧场《千古蝶恋》、全景式动态球幕项目《牛郎织女》、无轨寻迹式 360°立体环幕剧场《魅力戏曲》等多个独具文化魅力的主题娱乐项目。第二部曲——"复兴之路爱国主义教育基地"，在荆州落地建设中，主要展现自鸦片战争以来中华民族寻求国家独立、民族复兴的波澜壮阔的近现代历史，将综合运用当下最新的主题乐园科技手段，深度融合参与、体验、互动式的表现方式，重点打造《圆明园》《致远 致远》《巾帼》《东方欲晓》《铁道游击》《岁月如歌》《飞翔》等大型高科技文化体验项目，创新融合沉浸式主题游乐体验与我国近现代重要历史事件，让游客在寓教于乐的体验过程中感受壮阔历史。第三部曲——"明日中国园"，签约落户宁波，将全方位开启宁波文化科技旅游新局面，打造华东及环杭州湾区域旅游新名片。

第二节 技术引领模式

技术引领模式是以技术创新、技术引进为核心，提升文化产业制作能力。代表企业如励丰文化依托专业音响、灯光、视频产品与集成控制技术，在文化表演艺术、休闲旅游等领域为客户提供创新解决方案与全流程的技术服务；环球数码拥有国内领先的技术团队和国际化的管理队伍，成为国内唯一可制作大型三维计算机动画电视连续剧及电影的公司；歌华有线通过高清机顶盒技术的开发，成为北京有线电视的龙头企业。

典型案例：《又见平遥》大型室内情境体验剧。拥有千年历史文明的古城平遥，也有着丰富多彩的民俗文化，该剧讲述平遥城票号东家赵易硕为保护票号王掌柜家族的唯一血脉，抵尽家产，同兴公镖局 232 名镖师远赴沙俄，7年过后，赵东家本人连同镖师全部客死他乡，而王家血脉得以延续的故事，该剧通过"选妻""镖师死浴""灵魂回家""面秀"等场景，将传统文化体现得淋漓尽致。整部剧创新采用展演融合方式，将展览馆的空间艺术与舞台表演的时间艺术进行了整合，创造性地实现了建筑与主题、动线与空间、内容与形式的融合，为山西平遥这座历史文化名城打造了一张全新的名片，为山西文化旅游产业升级作出了成功示范。其中，最典型的文化和科技融合体现在声光电技术上，励丰文化经过技术研发和设备改造，利用全息幻影成像技术、VR/AR虚拟现实技术、3D Mapping光雕投影技术、沉浸式环境交互技术等，以移动扩声音箱实现移动式的多声道效果。开场环节多声道扩声系统与裸眼3D技术为观众呈现了失去生命的魂魄与现代人的情感交流；"镖师死浴"一幕则采用强光束灯突出了镖师们上路前的豪迈与柔情；"面秀"环节更是采用了裸眼3D和多声道系统，使观众的情绪达到高潮，实现创意与科技融合对文化旅游产业的全面激活。

第三节　平台创新模式

平台创新模式是以数字技术、信息技术为支撑打造文化内容数字化平台，全面提升文化产业的表现力、传播力，创新交易方式。代表企业如字节跳动旗下今日头条、抖音、西瓜视频等多媒体平台，依托人工智能、视音频等核心技术，成为网络媒体平台领域的独角兽；中文在线依托覆盖手机、手持终端等全媒体出版业务的完整技术体系，打通数字出版产业链，是中国数字出版的开创者之一，也是全球最大的中文数字出版机构之一。

典型案例：字节跳动。作为最早将人工智能应用于移动互联网场景的科技企业之一，字节跳动在短短几年内几乎重塑了中国大众文化娱乐消费方式，其旗下以抖音为代表的短视频平台作为数字技术和创业思维深度融合的杰出代表，通过品质内容提升吸引力，并构建消费场景，将受众的日常生活与社会交往过程嵌入短视频中，为文化产业发展提供了更多的机会与动力。

2018年的国际博物馆日，中国国家博物馆、湖南省博物馆、南京博物院、陕西历史博物馆、浙江省博物馆、山西博物院、广东省博物馆共7家国家一级博物馆集体入驻抖音，合作推出"博物馆抖音创意视频大赛"。为办好这次大赛的重头戏——"第一届文物戏精大会"，抖音不断与博物馆的专家进行沟通，在文物严谨性、时代创新性与用户需求的交融中寻找契合点，最终通过运用骨节动画、配音特效等一系列新媒体技术，将抖音上流行的"拍灰舞""98K电眼""我背后有人""千人千面"等备受年轻用户欢迎的流行元素与国宝有机结合，进行年轻化的重新演绎，让原本静止在展台上的文物真的"活了"，并引发了井喷式的文化效应，对传递我国优秀传统文化起到了积极作用。在这一活动刚上线的4天时间里累计播放量突破1.18亿次，点赞量达650万次，分享数超过17万次，观众们没想到传统文化也可以这么有意思。而以此为代表的传统文化短视频也如雨后春笋般涌现出来，京剧、昆曲、书法、剪纸、篆刻、国画等中华民族的优秀传统文化纷纷亮相抖音。

在传统传播时代，运用口口相传和出版印刷等方式，传统文化很难获得如此高的关注度，各地传统文化也形成了各美其美的鲜明地域特征。现在，信息革命让网络传播成为主流，信息传递的地域限制被打破，文化和科技融合，以及各地文化相互融合发展的趋势愈加明显。同时，借助短视频平台用户多、传播快等特点，传统文化被"有趣""有腔调"等花式创意重新包装，秀出了新活力，赢得了众多年轻人的关注，传统文化也在一次次的点击和转发中传播开来。

第四节　消费引导模式

消费引导模式是以消费者习惯为导向，以市场需求为核心，根据消费者的习惯提供相应的文化产品。代表企业如小米，搭建平台，邀请用户参与到手机、操作系统及其他互联网产品的开发中；网龙网络通过云计算、大数据技术为用户提供先进的个性化学习系统。

典型案例：小米。小米有一个极其清晰的定位，就是"想做一部手机，让每一个人都有成就感"。小米自己热爱这个东西，然后把有相同想法的人聚集在一起，共同钻研这个东西。小米通过论坛、微博、微信等搭建参与平台，发动百万人参与手机的设计、功能的改进等，把大家的智慧聚集在一起，既提升了参与感，又把营销做到了消费者的心坎上，这些有深入参与感的粉丝通过极致的精神力量建造了小米的世界。

小米论坛有 700 多万粉丝，小米手机加小米公司的微博有 550 万粉丝，小米合伙人加员工的微博有 770 万粉丝，微信有 100 多万人。不管是生产、营销、运营，小米都把这些粉丝当作第一原动力。首先是广大用户，他们通过微博、微信等渠道参与小米的活动，虽介入不深，但是一个庞大的群体。其次是忠实的"米粉"，这是一个关键群体。小米设计了不少工具，让"米粉"参与用户体验评测。比如，每周固定的粉丝体验报告开放机制，由用户选出本周更新程序中"你最喜欢的"和"最不喜欢的"，并据此颁发 1 个"爆米花奖"，通过颁发奖品的方式激励更多粉丝参与产品设计开发。最高层次是可以参与决策的发烧友，他们可以提前试用未公布的新版本，并进行评价，鉴别新版本是否好用，当他们认定有些问题如果不解决这个版本就不好时，小米的工程师们就会立刻解决这些问题。

不难想象，当你真的参与了体验活动，且所提出的建议被小米采纳了，手机有了这个功能或功能得到改进，你会自豪地说"这个功能是我设计的"，"你看我多牛，小米采纳了我的建议"。培养这种荣誉感、成就感是小米营销的重要手段，当你真的信任了用户，用户也会信任你，小米销售的正是参与感。

第五节　产业链延伸模式

产业链延伸模式是文化产业向上延伸进入到概念设计环节，向下拓展到创意推广环节。众所周知，内容和渠道是文化产业发展的两大核心要素，在文化产业发展的初期，多数行业处于精细化分工协作的状态，而随着企业规模的扩张，大量文化龙头企业快速沿产业链向上下游延伸发展，渠道商进行内容研发生产，内容创新企业也在渠道拓展方面发力。代表企业如爱奇艺、优酷等，改变单纯的视频网站平台发展模式，制作原创视频，实现从互联网向电视台的转变；磨铁图书从单纯的传统纸质图书出版，到依托核心 IP 创作影视作品，开发游戏和动漫作品；汉王从仅生产电纸书等电子阅读器终端，到建立汉王书城，提供海量资源下载。

典型案例：爱奇艺。作为我国网络视频领域的领军者，近年来，爱奇艺发展重点逐渐由视频平台向前端内容制作延伸，原创内容占比从 2018 年的 20% 提升至 2022 年的 50% 以上，2022 年的爆款剧集中，原创内容占比超过 60%，并在热播期贡献了超过一半的收入。从平台的角度而言，稳定地生产高品质内容，才能提高用户黏性，发展会员经济。从行业的角度而言，持续生产高品质内容，才能让更多资本和人才进入这个行业，建立行业发展良性循环。

过去一段时期，面对市场极速降温，曾经的生产习惯和运营模式已不适应市场需求，爱奇艺开始走"影视工业化"之路，向内优化影视工业，提升制作水平，建立剧集工作室 17 个、综艺工作室 10 个，每个工作室都有自己专注的赛道，拥有业内规模最大、专业力最强的制片人团队；向外实施 IP 多元创作，提高内容丰富度，除了迷雾、恋恋和小逗剧场，爱奇艺的内容 IP 已全面拓展开。2021 年，5G、云计算、AI 等技术对行业规则的重构形成有力支撑，爱奇艺抓住机遇，将影视内容生产和前沿技术进行深度融合，自主研发了影视制片管理和审片系统，逐步建立起一个数据驱动、高效决策的影视制片管理构架，实现数字化内容覆盖影视项目评估、生产流程管理、拍摄制作等生产周期全过程，为我国影视工业化的发展打开了一个新的窗口。2021 年，流行乐女子演唱组合 THE9 举办的"虚实之城"沉浸式虚拟演唱会，作为国内创新的影视级 LED 写实化虚拟制作 XR 直播演唱会，展示了爱奇艺在 XR 内容等方面能提供基础设施和解决方案。2022 年，爱奇艺首次在 S 级商业剧集《狐妖小红娘月红篇》中落地虚拟制作技术，成功实现 XR 虚拟制作在大投入的商业剧集项目中的实际应用。

第六节 政府驱动模式

政府驱动模式是政府通过建立健全资金支持、人才培养、知识产权保护等方面的政策体系，推动科技在文化领域的应用，从而提升文化产业竞争力。如，美国紧跟国际市场需求，通过加大科技投入、加强人才培养、积极保护版权等一系列措施，充分发挥了科技在文化产业发展中的支撑引领作用，显著增强了文化领域自主创新能力和文化产业核心竞争力；韩国通过制定文化产业政策、开展专业人才培养、开拓海外市场和开展国际交流等措施，积极推动文化和科技深度融合。

典型案例：云南丽江。丽江民族文化资源富集，是国内外知名的文化旅游胜地。2018年丽江就提出建立旅游大数据综合试验区的构想，2019年丽江开始筹备创建国家文化和科技融合示范基地，并于2021年通过国家有关部委认定。

一直以来，丽江坚持"民族元素世界表达，传统元素现代表现，推动民族文化遗产创造性转化，创新性发展"的方向，按照"文化是内容，科技是支撑，旅游是载体，文化和科技融合是重点，文化旅游产业转型升级是方向"的思路，重点围绕文化遗产保护和开发、文化创意、文化旅游、文化艺术展演、自然生态保护和利用等特色文化领域，持续增强科技应用能力，释放产业高质量发展新动能。在世界文化遗产数字化保护方面，建设了东巴经典语言文化数据库、东巴文化影像数据库，以及丽江古城监测预警体系、综合指挥管理平台等多个监测平台，为我国世界文化遗产保护监管提供了示范样板。在"智慧文旅"体系建设方面，成立"智慧旅游研究院"，完成景区信息化名片、导游导览、AI识景、智慧停车场、智慧厕所、人脸识别入景区、旅游诚信平台、游客流量大数据统计应用分析平台等建设，实现景区5G无人智慧商超、5G无人扫地车、5G无人巡逻车等成功应用，全面构建了以旅游大数据中心为主体，以智慧监管、智慧服务、智慧营销、智慧统计为支撑的现代"智慧文旅"体系。在文化艺术展演方面，应用虚实互动协同展演设计与布景呈现、三维成像与智能交互、声光影一体控制与多维综合展演等技术，提升文化艺术展演的综合表现力，成功打造了《印象·丽江》《纳西古乐》《丽水金沙》《纳西创世纪》《木府风云》《雪山神话》等一批有影响力的少数民族题材艺术作品，以及纳西创世纪文化体验中心、世界记忆遗产东巴古籍展览馆、丽江古城历史文化展示馆、徐霞客纪念馆、玉龙雪山冰川博物馆等文化展示体验新业态。在冰川生态保护方面，利用清洁能源、生态系统修复等先进技术，实施"绿色交通""冷湖效应""森林消防""绿洲效应"四大环保工程，有效保护冰川生态系统。在玉龙雪山景区搭建了"智慧景区森林防火监测预警系统",通过"5G+无人机"的方式实现索道智能化巡检,为冰川监测、野生动植物保护、景区安全管控等提供了有力的科技支撑。

第七节 协同发展模式

协同发展模式有两种,一是通过吸引文化和科技企业在特定范围内集聚发展,促进企业之间沟通合作、协同创新,以提升区域内文化企业的科技创新能力,推动区域内科技企业拓展文化领域相关业务,形成集聚效应。如中关村软件园汇聚了腾讯、网易、百度、新浪、网龙、汉王、科大讯飞等知名文化和科技企业,并形成良好的融合发展态势,在融媒体技术创新、文化产业大数据、人工智能领域走在了全国前列;上海张江国家科技文化和融合示范基地吸引了盛大网络、分众传媒、巨人网络、网之易、征途信息等企业集聚,形成数字出版的高地。二是多个独立企业或组织,通过紧密合作与信息共享,共同构建一个动态、灵活且高效的网络联合体,共同开展技术创新、产品研发、市场营销等,携手共创价值,实现"1+1>2"的协同效应。

典型案例:腾讯与优必选。众所周知,机器人是一个对技术要求极高的产业,它在成为新的计算平台的道路上,不仅需要硬件上的不断进步,还需要有更智能的 AI 能力支持。2017 年以来,腾讯与深圳市优必选科技有限公司联手,打造了多款智能机器人,包括智能教育娱乐人形机器人"Qrobot Alpha"、个性化智能教育机器人"Alpha Ebot"和行业首个具有生命感的便携式机器人"悟空"等,这些机器人借助两家企业各自在技术和市场化应用上的领先优势,在"芸芸众机"中成功 C 位出道。Qrobot Alpha 具有家庭社交助手、家庭娱乐助手、家庭教育助手、家庭生活助手四大功能。Alpha Ebot 深度结合了优必选人形机器人的运动性能和腾讯叮当助手的高质、完整、开放的人工智能服务与交互能力,让用户对教育类机器人产品有了全新认识,助推中国教育机器人市场迈向智能时代。"悟空"则具备舞蹈运动、语音交互、智能通话、人脸识别、绘本识别、视频监控、物体识别等丰富功能,与人沟通能够做到听得懂、答得上,表情丰富,灵活自然极具生命感,可应用于教育、家庭、社交、办公等多个场景。

　　未来，腾讯与优必选还将继续携手，共同探索利用人工智能实现突破与创新，深入研究家庭领域的人工智能机器人教育解决方案，积极打造"硬件+软件+服务+内容"机器人生态圈，展示更多更强的应用落地场景。

第八节　产学研用结合模式

　　产学研用结合模式是充分整合利用文化和科技融合有关各方的优势资源，提升文化企业的科技创新能力，同时推动高等学校、科研机构的成果转化，实现共赢。如美国硅谷依托斯坦福大学、加州大学伯克利分校等世界知名大学，集聚了大批信息技术企业，成为高科技集聚区的代名词；中国人民大学文化科技园，依托中国人民大学的学科优势，集聚优势资源，形成了以版权产业为核心的文化产业园区。

　　典型案例：马栏山视频文创产业园。马栏山视频文创产业园自成立以来，一直致力于建立以企业为主体、市场为导向、产学研深度融合的技术创新体系，营造良好的科技成果转化生态，形成了以数字视频创意为龙头，以数字视频金融服务、版权服务、软件研发为支撑，配套衍生数字视频设计服务、生活服务、视频电商、视频主题教育培训等产业链集群，努力打造数字视频创意企业生态孵化器、数字视频内容生产大本营、视频版权交易市场、视频版权衍生产业集聚区。2019 年，马栏山视频文创产业园被认定为国家文化和科技融合示范基地。2023 年，被正式命名为第二批国家级文化产业示范园区创建园区。

　　作为"文化+科技"的发展样板，一方面马栏山视频文创产业园以及其入驻企业加快推进与高等学校的战略合作，牵手湖南师范大学、长沙学院等多所高等学校，在平台建设、艺术创作、产教融合、人才培养方面开展了诸多务实合作。一是建立政校企、产学研更高水平的合作机制。在应用型人才培养、关键共性技术联合攻关等方面达成共识，发挥各自优势，实现共建共享；二是紧密对接产业需求，优化专业布局，建立文创类应用型人才培养体系，为园区产业人才队伍质量提升作出持续性贡献；三是在产业园内建设产业学院、实训基地等，创新合作模式，进一步密切政校企合作；四是加快建设配套工程，通过申请政府债券等形式筹集资金，推进相关基础设施建设；五是支持学生就近就业、本土就业、高质量就业。双方合作共同构建常态化人才培训机制，为马栏山提供更持续的人才支持。另一方面努力营造良好的发展环境，产业园内集聚了各类文创企业 2000 余家，爱奇艺、西瓜视频、新浪、银河酷娱等知名企业相继落户，落地项目涵盖内容制作、技术研发、产业研究等领域，这些项目科技含量高、市场潜力大、发展前景好、带动能力强，既契合湖南文化强省建设的发展方向，又紧密联系视频文创产业链"补链、延链、强链"的实际需求，成为产业园与企业深度合作、实现共赢的重要平台与载体，也为园区持续健康发展打下了坚实基础。

第四章　文化和科技融合风险

文化和科技融合是两个系统之间协调、协作形成拉动效应的有序规律，也是利用良性竞争发挥整体优势的合作关系。一旦这个关系处理不好，就会存在各种风险隐患，如创新风险、市场风险、人才风险、资本风险、管理风险等。

第一节　创新风险

一、企业创新能力有限

提高企业核心竞争力、提升企业品牌形象、满足市场需求是企业推动文化和科技融合的主要驱动力。在文化科技创新活动中，需要投入高质量的知识资本和技术资本将新思想转化为新技术，但是，我国文化科技企业以中小型企业为主，一方面，缺乏雄厚的资金、完善的制度，甚至规范的运作机制；另一方面，受资金规模、技术水平等限制，研发投入有限，难以构建支撑其持续创新的研究机构和人才队伍，导致其创新能力较为薄弱，一些企业仅满足于技术拿来主义和够用主义，缺乏自主创新意识，直接影响了文化科技成果的产出和转化。加之我国大多数省份，文化和科技在行政管理等方面相对分离，现有科技成果评估标准体系一定程度上不适应文化科技成果特征，有的企业反映文化和科技融合创新成果存在申请难、鉴定难等问题。

二、新技术加速迭代

当前，数字技术等的迅猛发展和广泛应用，重塑了文化产业链条，大大缩短了从创意到产品的转化周期，颠覆和重构了传统文化业态，并推动文化新业态快速发展，极大地提升了文化行业生产效率。当人们正在体验人机交互技术带来的语音识别和手势识别等便利、3D建模和实时渲染技术创建的逼真的虚拟场景和角色、5G技术提供的流畅、快速、稳定的网络支持时，这些技术已经通过串联算力、共性技术等基础平台形成技术矩阵，拓展了应用空间，推进了产品和业态升级。如近年来流行的"沉浸式体验"，就是通过各种原创技术矩阵化和聚合化实现的。随着数字技术的日新月异，未来将出现更加灵活的组织方式、更丰富的融合业态和更多元的应用场景，组织一场沉浸式音乐会不再需要依赖固定的实体乐队，而是根据每场演出的需求，通过数字平台在全世界选择最合适的乐手同步演奏、实时合成，再通过5G通信技术低延迟传输，使音乐服务也能实现类似制造业的全球分工。这些技术的广泛应用和加速迭代在推动产业快速发展的同时，也对企业创新能力提出了更高的要求。

三、复合型人才紧缺

文化和科技融合所需人才涉及文化、艺术和科技等多学科和行业，对人才素质的要求很高。而我国传统文化行业中的从业人员大多只懂得一门知识或一项技术。如，新闻出版业的从业人员多是来自新闻学或传播学，动漫产业的从业人员多是来自美术相关专业。随着产业内部结构调整，以及数字技术等推动下新业态的出现，文化产业亟需既懂艺术审美，又懂技术应用，还能胜任管理职位的高端复合型人才。但是，从我国现有的高等学校学科体系来看，并不能很好地适应这一市场需求，导致文化产业先天缺乏培养与时俱进、具备多学科综合素质的复合型人才的机制。同时，文化科技企业的发展程度较低、规模较小、市场竞争力弱，无法吸引高端复合型人才加入。体制机制和市场的缺陷使得我国在培养和吸引高端复合型文化人才方面缺乏竞争力,这也使得我国文化产业面临创意水平不高、文化和科技融合程度较低等多方面问题。

四、成果转化服务能力不足

文化科技中介服务机构作为文化和科技融合的黏合剂,承担着协调各类文化和科技融合主体、推动打破文化和科技融合信息壁垒、降低文化和科技融合交易成本、催化文化科技创新活动的职能。但是,我国文化科技中介服务机构起步较晚,发展还不成熟,对文化科技成果推广、知识产权服务等信息掌握不充分,在推动文化科技成果转化与服务方面作用有限。从中介服务机构本身来看,一些文化科技中介服务机构是从政府部门分离出来的,业务定位不够清晰,市场竞争意识不强,运行机制不灵活,无法满足客户的综合要求。从政府提供的发展环境和条件来看,促进和规范科技中介服务机构发展的政策法规体系尚不健全,支持中介服务机构发展的公共信息流通制度和条件薄弱,一些机构缺乏核心竞争力,尚未创出品牌,机构之间没有形成专业化分工和网络化协作的服务体系。

第二节　市场风险

一、市场预期不确定

文化和科技融合产生的是新技术、新产品,面临的又是新兴市场,因此市场预期具有较大的不确定性。具体来看,新技术可能会影响产品的先进性、适应性和可靠性,从而产生市场不确定性。而融合所衍生出的产业所对应的市场也不容易在短期内被清楚描述,市场需求不能准确计算,有时技术开发是成功的,投向市场之后,却收不到预期的回报。因此,体现出来的就是市场接受度和认可度低、反应慢,导致投资者难以在预期时间内收回成本,从而增加投资风险，为投资者的预期回报带来不确定性。而文化创意产品主要体现的是一种文化、一种思想，且不说这种产品能否一直被消费者所接受和喜爱，就其模仿性而言，很容易被其他企业模仿甚至超越。

二、外部竞争压力大

国外文化和科技融合起步早，美国的电影业和传媒业、英国的音乐产业、德国的出版业、日本的动漫产业、韩国的游戏业都在国际市场具有很强的竞争力，而这些国家还在通过本土化战略，不断开发中国的文化资源，抢占中国市场。目前我国文化和科技融合尚处于起步期，相关产业市场不够成熟，产业链不够完整，而且区域竞争激烈，北京、上海、广东、陕西、江苏等省市文化科技发展占据全国的半壁江山，广大中西部地区对文化资源的开发利用仍处于探索阶段，产业规模与国外和国内先进省市相比相对落后。因此，我国文化和科技融合相关产业的发展除了受到国外巨头企业的竞争威胁外，还面临激烈的本土竞争压力。

三、资源分布不均衡

文化资源的分布一定程度上影响着文化产业的发展。从全国文化资源分布来看，受自然禀赋、经济条件、历史传统等因素影响，各区域公共文化资源分布不均，东部地区历史文化资源富集，中西部地区主要以民族性和地域性的历史文化资源和生态文化资源为主，但是，文化科技经营主体和人才主要集中在中东部地区和省会城市。从城乡文化资源分布来看，农村文化资源匮乏，几乎所有的文化资源、文化设施、文化人才、文化活动都集中在城市，受经济发展水平和人口文化素质等因素制约，农村文化产业发展在过去一段时期被边缘化。

第三节　资本风险

一、企业融资能力不足

文化创意要与科技创新有机融合，衍生出新的业态和产品，需要大量的资金投入，并具有回报周期长、无形资产比重大、预期收益不确定性高等特点，这些特点也直接导致文化科技企业融资难度大、周期长、成本高。我国文化科技企业多为中小型企业，甚至小微企业，注册资金少，固定资产少，风险防范和控制手段不足，无论是申报政府专项资金，还是申请银行贷款、通过市场融资，都存在天然劣势，加之缺乏专业的金融人才和中介服务机构，对融资方式、渠道、政策了解不全面，难以准确把握融资机会，绝大多数企业都存在流动资金有限，制约各项研究开发活动开展的情况。

二、政府资金投入不足

近年来，从国家到地方，政府在推动文化和科技融合过程中投入了不少资金，但无论是总量还是投入方式，都还存在一些需要完善的地方。从投入总量来看，从科技部门每年立项支持的项目中不难看出，科技项目资金大多集中在工业和农业领域，环境、医疗卫生等社会发展领域次之，文化领域科技创新的项目少之又少，与之相关的项目主要在信息技术领域。从资金投向来说，为了避免"撒胡椒面"式的分散支持，发改、工信、科技项目资金主要支持行业龙头企业，虽然有的地区设立了文化产业基金、文化科技提升计划等专项资金支持文化和科技融合，但是申请难度大，尤其是中小型企业，要么需要联合龙头企业共同申报，要么申请到的资金有限，一定程度上存在"富者愈富、贫者愈贫"的情况。

三、金融机构信贷支持不足

金融机构的信贷支持需要衡量企业的抵押物、现金流的稳定性、风险的可预测性和可控性，一般以土地、设备等有形资产为有效抵押或质押物，而以版权、知识产权、商标专用权等无形资产为主的文化科技项目在抵押、质押中常常难以顺利获得金融机构的信贷支持。虽然不少金融机构探索建立了信用担保、知识产权质押等融资方式，但适用于文化和科技融合的资产评估、产权交易、信用担保机制尚不健全，金融机构无法对文化科技企业的风险和收益进行合理评估，对文化科技项目贷款规模有限、审批严格、手续烦琐，缺乏针对文化科技项目周期特点、风险特征、资金需求的信贷产品和金融服务。

四、社会资本活力不足

社会资本投资积极性不高的原因主要有两个。一是受行业自身特点的限制，文化科技创新投融资具有高收益与高风险共生性。我们在谈市场风险时提到文化创意产品虽然普遍具有市场前景广阔、收益可观的特性，但同时也存在易复制、投资成本大、生命周期短、更新换代快等特点，使得文化创意产品投融资面临高风险，与投资者的风险收益偏好不相匹配。二是融资环境有待改善，虽然各级政府都出台了一些鼓励社会资本投资文化科技创新的政策，但金融市场尚未作出明确规范，股票、债券、票据市场没有形成规模，风险防控与风险补偿能力有限，加之文化资源具有鲜明的民族性、社会性、系统性，使得社会资本进入门槛较高，一般投资者难以全面了解文化产业的基本属性、回报模式、营运路径、利润空间等，因此投资热情不高。

第四节　管理风险

一、发展环境存在不确定性

西方学者曾指出，我们面临的是一个不确定的社会，以工业社会的理性和逻辑看，未来是不可控的。当前，随着信息技术的发展，互联网给我们带来的是一个"人人时代"，每个人都具有自组织的能力，都有可能爆发出巨大的力量。互联网社会虽然存在与现实社会割裂现象，并且在某些情况下这种割裂还有可能加深，但是互联网社会的本质是一个分享的、协同合作的社会。因此，这种社会发展的不确定性，不论是对政府制定规划、政策，还是对企业确定发展方向等来说都是一种挑战。

二、融合发展的意识不强

文化和科技融合需要多地区、多部门、多领域协同推进，但实际上无论是政府层面、产业内部还是企业自身都不同程度存在认识上的差距。从政府层面看，我国文化发展格局一直是以文化事业为主线、文化事业和文化产业协调发展的格局，这也造成长期以来，我国文化事业与文化产业不分，经营性文化产业长期依赖政府，缺乏市场竞争实力和能力，与科技融合发展的积极性、主动性不高。从产业层面看，随着文化与科技的分界线不断被打破，传统文化产业与制造业、服务业的合作越来越多，但是不同产业的发展战略和重点存在较大差异，各创新主体的价值取向也不同，决定了其利益诉求、风险偏好等不同，大家为了自身利益相互博弈，导致跨界交流与合作程度不深，产业链上下游的分工合作不够紧密。从企业层面看，文化和科技融合作为一种新的组织模式，一些传统文化企业和高新技术企业还没有深刻地认识到融合创新的优势。

三、促进融合发展的机制不健全

激励和约束机制是文化和科技融合发展的重要保障，但受认识等方面的因素影响，我国相关领域制度尚不健全。用知识产权保护制度来说，知识产权贯穿文化创意产品创作、传播、展示和交易的全过程，发挥着提供素材和激励创新的作用，但一些地区知识产权保护意识淡薄，知识产权创造、运用、保护等有关制度尚不完善，文化创意领域部分知识产权价值难以评估、侵犯行为屡禁不止、维权成本太高等导致知识产权的价值无法充分体现，严重挫伤了研发人员的积极性，一定程度上阻碍了文化和科技融合发展。其他如科研人员激励和评价机制、产学研合作机制等，都在制定和执行过程中存在这样或那样的问题。如，绝大多数高等学校和科研机构对科研人员的评价仍然以发表了多少论文、出版了多少著作为主，与产业发展的结合不紧密，制约了应用技术研究和成果转化人员参与文化创新的积极性和持续性。又如，在文化和科技融合创新的各类主体中，企业与高等学校、科研机构之间的单位属性具有较大差异，合作过程中组织协调的难度较大。

四、融合发展工作推进滞后

我国文化和科技融合发展起步并不算晚，英国是全世界最早成立文化创意产业推进机构的国家，但几乎与此同时，1998年我国也设立了文化产业司（2018年成立文化和旅游部）。此后，党的十六大、十七届五中全会和十八大都将文化和科技融合放在重要位置进行强调。这几十年一路走来，我国文化和科技融合相关产业从无到有，各地的规划、政策、实践都在不断发展，但都尚未形成规模化的发展态势。从国家文化和科技融合示范基地认定工作来看，自有关部门2012年发布了首批示范基地名单后，截至2024年十余年时间才断断续续开展了第二至五批认定工作。而从国际文化市场来看，美国占43%、欧盟占34%、日本占10%，中国不足5%，这与我国世界第二大经济体的地位极不相符。

第五章　文化和科技融合路径

文化和科技融合有其内在的必然性，两者互相交融、彼此渗透，探寻两者融合的实现路径，是促进我国社会主义文化繁荣的迫切需要，也是推进我国科学技术发展的重要举措。

第一节　文化和科技融合的路径演进

一、制度融合

我国文化和科技融合是政府主导型发展模式，因此，在起步阶段，政府的战略规划、政策引导等起到了至关重要的作用。

（一）注重顶层设计

在第二章谈文化和科技融合体系时，我们探讨了文化和科技融合的政策运行体系，其中包括我国文化和科技融合的战略部署、政策沿革等，不难看出，我国文化和科技融合的发展离不开党中央、国务院的高度重视，离不开各有关部门的大力支持和推动，这也是我国文化和科技融合发展的一条重要路径。首先，从战略部署上，2011 年，党的十七届六中全会首次从国家层面提出并推动文化和科技融合。2012 年，党的十八大明确提出"促进文化和科技融合，发展新型文化业态"。随后，《国家文化科技创新工程纲要》颁布实施，这既是战略层面的安排部署，同时也从工作层面对文化和科技融合工作提出了具体要求。进入"十三五"时期，国家层面对文化和科技融合的战略部署从全面推进转为以大数据为核心，一系列部署几乎都是围绕大数据开展。2016年，国务院印发《"十三五"国家战略性新兴产业发展规划》，与文化产业结合紧密的数字创意产业首次被纳入国家战略性新兴产业发展规划。"文化数字化""数字文化产业"等成为高频词。2022年，中共中央办公厅、国务院办公厅印发《关于推进实施国家文化数字化战略的意见》，标志着我国文化和科技融合进入了一个全新的阶段。

除了国家层面的战略部署外，文化、科技部门也在从不同角度推动文化和科技融合工作。2017年，原文化部印发《关于推动数字文化产业创新发展的指导意见》，提出建设数字文化产业创新生态体系，形成导向正确、技术先进、消费活跃、效益良好的数字文化产业发展格局。2019年，科技部等六部门印发《关于促进文化和科技深度融合的指导意见》，提出要促进文化和科技深度融合，全面提升文化科技创新能力，转变文化发展方式，推动文化事业和文化产业更好更快发展。2020年，文化和旅游部发布《关于推动数字文化产业高质量发展的意见》，提出实施文化产业数字化战略，明确到2025年打造5个具有区域影响力、引领数字文化产业发展的产业集群。2021年，文化和旅游部发布《"十四五"文化产业发展规划》，强调要坚持以创新驱动文化产业发展，落实文化产业数字化战略，促进文化产业"上云用数赋智"，推进线上线下融合，推动文化产业全面转型升级，提高质量效益和核心竞争力。

（二）强化政策指导

党的十八大以来，中央各部门相继出台了一系列政策措施，从不同领域、不同角度推动文化和科技融合走深、走实。2014年，国务院印发《关于推进文化创意和设计服务与相关产业融合发展的若干意见》，中共中央办公厅、国务院办公厅印发《关于推动传统媒体和新兴媒体融合发展的指导意见》，原文化部、原广电总局①、财政部随即出台贯彻落实政策《关于贯彻落实〈国务院关于推进文化创意和设计服务与相关产业融合发展的若干意见〉的实施意见》和《关于推动传统出版和新兴出版融合发展的指导意见》。2016 年，国务院办公厅转发原文化部等四部门《关于推动文化文物单位文化创意产品开发的若干意见》，确定了充分调动文化文物单位积极性、发挥各类市场主体作用、加强文化资源梳理与共享、提升文化创意产品开发水平、完善文化创意产品营销体系、加强文化创意品牌建设和保护、促进文化创意产品开发的跨界融合等七项主要任务。2017 年，中共中央办公厅、国务院办公厅印发《关于实施中华优秀传统文化传承发展工程的意见》。此外，还有诸如设立国家文化产业发展专项资金，采取贷款贴息、资助、奖励、设立投资风险基金等方式，扶持重大文化产业项目和优秀文化产品生产；支持文化企业参照高新技术企业、小型微利企业的税率，加大对国家重点扶持的文化产业项目的税收优惠力度；拓宽文化企业融资渠道，推进文化产业交易平台和产权交易市场建设，继续对优秀出口文化企业、优秀出口文化产品和服务项目实行奖励等。这些政策对推动文化与科技全方位、深层次、宽领域融合发展，推动文化资源的创造性转化与创新性发展起到了极大的推动作用。各省（区、市）也结合自身实际，研究制定了诸多政策，积极推动文化和科技融合发展。

（三）推动体制融合

2003 年 6 月，中央召开文化体制改革试点工作会议，决定选择北京、上海、浙江、广东、深圳、丽江、重庆、西安、沈阳 9 个省、市和 35 家国有文化单位进行文化体制改革试点，我国文化体制改革的序幕由此正式拉开。首先是放开文化市场投资准入门槛，发展民营和混合文化市场主体。国务院颁布《关于非公有资本进入文化产业的若干决定》、国务院办公厅印发《文化体制改革试点中支持文化产业发展的规定（试行）》《文化体制改革试点中经营性文化事业单位转制为企业的规定（试行）》、财政部、海关总署、国家税务总局联合印发《关于文化体制改革试点中支持文化产业发展若干税收政策

---

① 2013 年 3 月，十二届全国人大一次全体会议表决通过并批准了国务院机构改革和职能转变方案，将广电总局、新闻出版总署的职责整合，组建国家新闻出版广电总局，加挂国家版权局牌子。下同。

问题的通知》等，这些政策的出台和落实，调动了社会资本进入文化产业的积极性，以公有制为主体、社会资本和外资广泛参与的文化产业发展格局初步形成。其次是按照对文化事业和文化产业进行"分类指导"的方针，推动国有经营性文化事业单位转企改制。按照"创新体制、转换机制、面向市场、增强活力"的分类改革要求和国务院办公厅发布的《关于印发文化体制改革中经营性文化事业单位转制为企业和进一步支持文化产业发展两个规定的通知》精神，各试点地区积极推动演出、报刊和出版发行、印刷、广电、广告、影视节目制作与发行、影院建设与经营等文化行业的国有经营性文化事业单位转企改制，进行产业化运营。这两项改革，让一大批从事文化生产经营活动、主要通过市场配置资源的单位，从事业单位中剥离转企，让一大批社会资本和外资参与到文化产业发展中来，为文化和科技融合发展提供了基础和条件。最后是进行政府文化行政管理和市场监管体制改革。在试点地区探索将文化、新闻出版、广电三个政府主管部门合并办公，综合行使文化管理职能，同时将工商、税务和各文化部门的执法队伍整合为综合执法机构，这两项措施为解决文化行政管理体制方面的政出多门、职能交叉、条块分割，以及市场监管中的"越位"和"缺位"问题，起到了积极作用。与此同时，新修订的《著作权法》《电影管理条例》《出版管理条例》《营业性演出管理条例》等一系列法律法规的颁布实施，推动了我国文化立法工作的进程，使我国文化管理逐步进入法治化的轨道，也为文化和科技融合提供了有力保障。

二、产业融合

党的十九届五中全会提出了到 2035 年建成文化强国的远景目标，强调要实施文化产业数字化战略。文化和科技融合作为文化强国和数字经济交叉领域，在新时代被赋予了新的使命，其发展路径也开始从"线性融合"向"立体融合"转变，过去科技单向赋能文化的现象已逐渐转变为文化和科技双向、多向的立体化融合，新兴文化业态已成为文化产业发展的新增长点。

（一）科技单向赋能文化产业

科技改造、重构传统业态释放文化生产力。在科技助力下，传统文化业态的结构不断优化、规模不断提升。一方面，科技助力文化产业向支柱产业迈进。随着科技应用水平的不断深入，文化产业发展水平也在不断提高。2022年，我国文化产业实现营业收入165502亿元，比上年增加1698亿元，增长1%。另一方面，科技推动文化产业的结构优化与升级。以数字化、网络化、智能化为主要特征的文化新业态快速发展，已成为推动我国文化产业高质量发展的重要支撑。2022年，文化新业态特征较为明显的16个行业小类实现营业收入50106亿元，比上年增长6.7%，增速快于全部文化产业5.7个百分点；文化新业态相关产业营业收入占全部文化产业营业收入的30.3%，占比首次突破30%，比上年提高1.6个百分点。必须一提的是，科技创新在文化产业发展中的战略支撑作用逐步显现，文化企业的自主创新能力得到有效提升。2022年，规模以上文化企业研究与试验发展经费投入1529亿元，比上年增长6.4%；规模以上文化企业研究与试验发展经费占营业收入的比重为1.24%，比上年提高0.07个百分点。规模以上文化企业研究与试验发展人员46万人，比上年增长11.4%，占规模以上文化企业全部从业人员的比重为5.8%，比上年提高0.6个百分点。

科技孵化新兴业态实现从跟跑、并跑到领跑。在科技助力下，以网络游戏、网络视听、网络文学等为代表的新兴业态不断发展壮大，逐步实现从跟跑到并跑再到领跑的局面。网络游戏方面，我国已成为全球最大的游戏市场。2022年，我国自主研发的网络游戏在美国、德国、英国等国家的市场占有率均超过20%，《万国觉醒》《原神》等爆款频出，仅上半年海外销售收入达89.89亿美元，同比增长6.16%。影视剧"出海"也呈现数量多、题材丰富的特点。2022年，海外院线上映的国产电影涵盖动作、喜剧、动画、战争等多元类型，覆盖澳大利亚、新西兰、韩国、英国、日本、美国、意大利、俄罗斯、加拿大、法国、荷兰、柬埔寨等29个国家和地区，其中，电影《长津湖》《你好，李焕英》《唐人街探案3》等多部国产电影进入全球电影票房前十。网络文学方面，2022年，网络文学海外市场规模突破30亿元，海外用户1.45亿人，覆盖世界大部分国家和地区，共向海外输出网文作品1万余部，市场潜力巨大。总体而言，我国文化产业参与国际竞争的能力和实力在不断提升。

（二）文化科技立体化融合

科技从工具属性向文化属性拓展。近十年来，我国科技产业在向高质量发展转变的同时，逐步摆脱传统工具属性导向，向文化属性拓展。以科技企业"出海"为例，2012—2018 年为第一轮风口，以工具属性的应用"出海"为主。如猎豹浏览器、360 安全工具、茄子快传等纯科技工具产品，在谷歌应用商店（Google Play）、苹果应用商店（App Store）等的下载量可观，成为东南亚等新兴市场的"国民应用"。但是，随着互联网经济进入纵深发展阶段，纯工具属性的应用在没有内容加持的情况下需求骤降。仅 2016—2017 年，工具类互联网应用下载量便从 75.4% 降为 33%。2018 年至今为第二轮风口，科技企业"出海"转向以内容属性赋能的平台为主。如 TikTok、米哈游等企业凭借其强内容属性成为全球顶尖赛道里的头部企业。2021 年，TikTok 取代 Google（谷歌），成为全球访问量最高的互联网平台；2022 年米哈游的二次元开放世界游戏《原神》在美国获得年度最佳持续影响力奖。

三、技术融合

随着 5G、大数据中心、云计算、物联网等"新基建"的日渐完善，新一轮科技革命正在深刻影响和重构文化产业。数字技术在文化领域的应用从点状向矩阵化、聚合化转变，拓展了文化创作、传播和体验的途径和方式，影响和重构了文化的形态、结构和价值追求，推动文化产业由"量"到"质"跃升，产业变革呈现出多领域、多产业和多区域迭代更新的特征。

（一）文化领域基础和关键共性技术研究不断加强

近年来，我国不断加强智能科学、体验科学等基础研究，开展语言及视听认知表达、跨媒体内容识别与分析、情感分析等智能基础理论与方法研究。同时，聚焦文化创作、生产、传播和消费等环节关键共性技术研究，开展文化资源分类与标识、数字化采集与管理、多媒体内容知识化加工处理、VR、AR 虚拟制作、基于数据智能的自适配生产、智能创作等文化生产技术研发，文化产品多渠道发布、多网络分发、多终端呈现等文化传播技术研发，文化产品价值评估与版权交易、基于大数据的个性化推荐、文化产品与服务质量评测等文化服务技术研发,文化资源保护与开发利用、知识产权保护与侵权追踪、舆情分析与内容安全监管、文化艺术品鉴定等文化管理技术研发。此外,还开展了人机交互、混合现实等关键共性技术开发,推动类人视觉、听觉、语言、思维等智能技术在文化领域的创新应用,推动形成内容可视化呈现、互动化传播、沉浸化体验技术应用系统平台与产品。

(二) 数字技术在文化领域的应用逐步深化

随着产业端的需求日趋综合性和多元性,数字技术在文化领域的应用逐渐从点状应用向矩阵化应用转变,各种原创技术应用通过串联算力、共性技术等基础平台形成技术矩阵,拓展了数字技术在文化领域的应用空间,加速了文化和科技融合场景的更新,有效实现了场景的增量扩张,深刻改变着文化生产、传播和消费的方式,极大地增强了文化的传播力、吸引力和感染力。如 5G 与云计算链接海量云上文化资源,XR、新型智能硬件等提升了文化表现力,人工智能与 LBS(基于位置服务)应用促进了文化场景的智能交互,大数据与算法让文化知识图谱化,AIoT(人工智能物联网)使文化场景更具感知力等。

第二节　基于产业链的文化和科技融合路径

基于产业链的文化和科技融合就是利用科技创新把发现、创造价值的环节与应用、体验价值的环节打通。因此,从资源、创意、生产、传播、体验全产业链的维度来看,文化资源需要的不仅是保护,或者数字化的呈现方式,更需要开放、共享、互通。

一、生产融合:创意设计

文化产品和科技融合是指将科技手段作为要素投入产品创意与设计活动

中，使文化产品更具科技特征或使传统制造更具文化内涵，从而催生具备全新文化生产力与文化创造力的产业发展路径。这一路径下，传统文化产品生产向技术密集型、知识密集型转变，并为构建新的公众文化空间与文化生态奠定基础，主要体现在消费性文化服务业和生产性文化服务业两大文化产业上。

消费性文化服务业以消费需求为核心，通过运用科技手段提高文化产品的内在品质与价值、优化文化产品研发技术、完善文化生产服务。如美国的 VR 内容提供商 Woofbert 基于 360 度全景技术推出三星智能手表（Sam-sung Gear）应用，通过对 85 家博物馆和画廊进行实景模拟，为用户提供低价、全面的艺术观赏体验，使受到时空限制的文化资源得以在世界范围内流动与共享，这种方式也为传统博物馆提供了全新的运营思路，从内部推进博物馆业集约化、专业化发展。生产性文化服务业则强调"文化"要素直接参与生产研发活动，即文化和科技融合从技术研究转变为素材化、大数据化以及应用创新，并将能够赋予产品文化内涵的创新技术进一步应用于传统制造领域。如在全球数字化趋势下，基于算法、逻辑与密级数据实现的文化产业与人工智能融合，通过与商业、金融业及文化娱乐等行业进行协作，丰富了传统人工智能产品的文化内涵，同时其产生的新型产品通过重新服务于文化生产，推动了产业经济和商业形态变革。综上，生产融合路径下形成了以云端为基础的新信息基础设施，以大数据为核心的新生产要素，以个性化、智能化为特征的新分工网络，在科技与文化双轮驱动下向高端综合产品、服务转变。

二、市场融合：产品开发

文化市场和科技融合是指运用科技手段影响文化产业的具体制造环节，进而形成新的文化科技产品市场，促进市场结构和产业结构转型。较典型的是互联网技术与文化产业的融合，使得市场与产业边界模糊化，衍生和创造了全新的行业，形成了新的市场边界，并快速对现有行业进行重组，建立新兴经济市场，新兴经济市场从三个方面对文化市场产生优化作用。

一是以新型产品淘汰传统产品，调整需求结构，带动文化消费迭代升级。如，随着 VR 技术在游戏市场的广泛应用，玩家从最初的人机互动需求向更优良的感官体验需求转变，暴风科技研发的第一代 VR 暴风魔镜（虚拟现实头戴式显示设备），发布一年时间出货量超 50 万个，印证了游戏市场的结构已经在潜移默化中发生改变。这一过程需要强调对新兴业态的管理，尤其是在 IP 被赋予"具备文化特征的潜在资产"内涵的背景下，更应通过实时监控、版权协调和内容审查等方式，预防治理失范。

二是以精品化、定制化代替大众化消费需求导向，促进利基市场和圈层经济开发。文化行业利基市场开发便利性的提升，能够强化文化品牌、产学研模式的市场效用，并进一步促使文化市场与其他市场融合，最终推进经济循环与创新。该过程立足于圈层经济，关注不同消费群体的具体需求，以经济价值与文化价值作为双重目标导向，构建有序、融合、协同发展的文化市场。

三是以扁平化组织结构替代纵向组织结构，推动文化企业组织结构升级。在市场融合路径下，工业经济时代以出版、影视为代表，具备层次分明的纵向组织结构的文化企业成为网络式价值创造的主体。前端与即时更新的市场消费需求衔接，中端整合不断升级的市场化专业服务与创意设计要素，后台基于文化资源数字化技术进行数据挖掘，并建立服务于新兴市场的文化创意资源数据库。该过程强调文化市场和科技融合后的可治理性，而提高企业效率、调整市场结构是重要手段，有助于文化市场在充分竞争的同时，更易于对宏观资源进行优化配置。

三、资源融合：产业培育

文化资源和科技融合模式是指将文化资源与科技手段融合，以产生不同于单个文化产业或科技产业的新兴业态，并以此为基础，完善文化科技全业态生产链的一种融合发展路径。这一路径强调要充分运用创意和科技手段，推动文化资源与现代生产生活相结合，达到文化价值和实用价值的有机统一，其过程主要包括三个环节。

第一个环节是通过在原产业中引入技术手段，强化金融、互联网等其他产业资源与文化资源产业化开发的衔接性和便利性。较为典型的是以民族文化为代表的历史文化资源与现代科技手段的融合。众所周知的"印象系列"

实景演出正是以具备在地性的山水景色为舞台，以当地民俗文化为主要内容，通过融合声光电技术、先进的创作理念等，提升文化产品的附加值，形成新的文化业态。

第二个环节是通过推动融合文化资源与技术资源的新业态发展，提高文化资源利用效率，完善文化产业链。一方面，文化和科技融合激发了更多资源要素在全业态内的活跃度，而新兴业态的出现又进一步加速了多业态融合发展进程。数字出版企业亚马逊就是一个典型的例子，它推出了 Kindle 电子书实体技术设备，该设备具有自主阅读、支持多平台运行等特点，驱动了传统出版业转型升级，带动了数字图书新业态的形成。另一方面，新业态的形成提高了知识产权在文化和科技融合中的地位，社会开始逐渐重视民族文化等风格独特、保护薄弱的资源，催生了依托于法律的文化产权开发、保护与维权体系。例如，盛大游戏自主研发的电子数据保全服务平台，在利用文化资源开发网络游戏的过程中，启用实时保商务安全模型，对知识产权进行全面保护。

第三个环节是在资源融合全业态发展过程中，依托宏观政策进一步推动资源融合模式演进，形成全业态下产业、行业、企业的激励、监管与协作体系。如以文化、科技、企业三方为主体，推进跨地区、跨行业、跨所有制企业兼并重组，促进文化资源和科技资源合理流动与优化配置，最终形成"文化技术孵化—文化技术激励—文化技术共享"的文化技术融合发展新生态。

四、渠道融合：市场推广

文化营销渠道和科技融合是指利用科技手段完善文化产品营销的传播方式与平台构建，为精准化和定制化的文化服务创造条件，并进一步创新产业管理策略的融合发展路径。这一路径基于文创产品生产规模较小、受众针对性较强、销售方式分散和流通成本较高等特殊属性，利用互联网、新媒体等技术，构建文化产业市场营销渠道，提高了消费网络子群的凝聚度和子群间的信息流通速度，为文化产品销售提供了便捷的展示和销售场所。首先，运用大数据技术对产品开发与生产相关数据进行挖掘和分析，确定受众特征并快速传递信息，达到精准决策的效果。以韩国 MBC 为例，该公司运用数据分析技术对观众喜好进行详细的事前调查和研究，根据观众喜好确定电视剧首播和重播时间。一般而言，首播电视剧占频道全部电视节目的 60% 以上，重播剧所占比例在 40% 以下，在周末播出最受欢迎、最精彩的节目。这种精准的市场策略与分析方法使韩国电视产业风靡世界。在信息有效传播的基础上使销售平台精简化、扁平化，促使商家与消费者无缝对接，形成文化产品"销售—宣传—反馈"三方闭环，为影视行业采用 B2C 模式创造了条件，推动了以限量、直销、快速为特点的消费互动行为出现。又如，以售卖书籍为主的知识型自媒体平台"罗辑思维"，通过微信平台招募会员，仅 6 个小时就收入 160 万元，说明文化产品需求正在向大规模、个性化转变，供给渠道逐步向基于技术分析、借助移动终端的定制化文化信息传播平台转型。再如，互联网技术公司网易开发的原创作品发布平台"LOFTER"，专注于为用户提供简约、易用、有品质、重原创的博客工具、原创社区，以及有品质的手机博客应用，其串联设计与销售模式得到众多文艺青年、摄影师、插画师的喜爱。总体来说，这一路径的实现主要依托于信息传递通路构建与销售平台，重在促进文化产业市场信息共享与传播，并进一步推动产业管理、决策和规划的高效实现。

第六章　文化和科技融合实践

当前，文化和科技融合已成为增强文化产业核心竞争力的重要途径，也是世界各国文化产业发展的主要着力点。如英国的创意产业、美国的娱乐产业、日本的动漫产业以及韩国的网络游戏产业等，不仅依靠高新技术取得了竞争优势，获得了高额利润，甚至影响了人们的消费习惯，改变了人们的生活方式。这些发展经验做法为我国推动文化和科技深度融合带来诸多思考与启示。

第一节　国外推动文化和科技融合主要做法

从世界范围看，科技在文化领域的广泛应用极大地促进了各国文化的发展和繁荣，美国、英国等国家通过设立主管文化科技创新的顶层机构、构建促进融合产业发展的法律体系、强化新技术应用场景中的版权保护、塑造面向产业化发展的综合资源配套网络等措施，推动了文化和科技的持续深度融合。

一、根据自身发展特点确定文化和科技融合发展模式

国外有关国家根据自身体制、市场发展情况等，确定了符合自身特点的

文化和科技融合发展模式。

(一) 以英国为代表的政府导向型模式

英国政府高度重视文化和科技融合,是全球最早提出"创意产业"概念的国家,也是全球第一个政策性推动创意产业发展的国家。在政府部门设定上,1997 年,布莱恩领导的工党执政后,把散落于 7 个政府部门的文化管理职能集中起来与国家遗产部合并,成立英国文化、媒体、体育部(DCMS),下设"创意产业项目小组",负责制定文化政策、划拨文化经费。这一机构改革体现了英国文化与各领域的融合发展、兴办"大文化"的思路,强化了多部门协调联动,在为文化创意产业发展提供宽松的政策环境等方面起到了积极作用。在战略规划上,制定了文化创意产业发展战略规划、《数字英国》等数字化发展战略,为文化创意产业发展指明方向的同时,也促进了相关技术快速发展,文化创意产品品质以及产业发展水平都得到较大提升。在政府政策、资金、人才等多方面扶持下,英国创意产业对国内生产总值(GDP)的贡献率超过金融服务业,成为支柱产业。其中,典型代表当数伦敦。1997 年,新成立的大伦敦政府,在城市建设中规划了创意产业集聚区,成立了战略发展机构"创意伦敦",吸引了许多跨国娱乐软件出版企业纷纷来到伦敦建立研发基地或办事处,大量设计公司、数字技术公司涌入伦敦,使伦敦从工业区变成了艺术时尚与 IT 中心。同时,政府还专门针对创意企业多数是中小微企业、资金实力薄弱的情况,一方面通过利用体育、文化、娱乐等领域的彩票业收入,大力支持创意产业发展;另一方面通过专案研究会、研讨会等方式为文化创意企业和投资机构牵线搭桥,实现二者共赢。

(二) 以美国为代表的市场导向型模式

美国向来倡导市场导向,在推进文化和科技融合过程中,政府重点提供优质的政府管理服务。这种模式的显著特征在于有完善的立法保护机制。美国是世界上第一个将知识产权保护写进宪法的国家,并颁布了《版权法》《跨世纪数字版权法》等法律法规,赋予商标、版权、专利同等重要的地位,还将其纳入了知识产权保护体系。健全的知识产权保护体系,有效调动了科研人员创新创造的积极性,以企业、高等学校和科研机构为主的创新体系逐步完善，网络出版、电子图书等一系列新兴产业不断涌现，带动了传统产业的转型升级，甚至改变了美国的产业布局。与此同时，包容性、多样化的文化，吸引了众多来自英国、德国、印度等国的人才到美国创新创业，加之政府对科技创新的大力支持，使美国迅速掌握了包括信息技术在内的诸多领域的关键核心技术。以好莱坞电影产业等为代表的战略性新兴产业迅速崛起，一大批华尔街风险投资者开始关注这些产业，在政府引领下大量人才进入这些新兴产业领域，再加上成熟的营销宣传体系，好的文化创意产品与项目快速走向市场。作为美国创意产业发展的典范，20 世纪 90 年代，纽约开始以数字信息技术改造升级文化传媒产业，重点培育新媒体经济，充分利用产业转移之后留下的闲置设施，为新媒体提供租金低廉的产业用地，1994 年，纽约新媒体协会成立，1995 年，曼哈顿地区开始建设"硅巷"，提出"数字纽约，联网世界"的口号，使纽约成为新媒体和互联网企业的创意产业聚集区，具有完善的区域创新体系。发展至今，纽约的文化创意产业门类齐全、水平高，建立了全球市场体系，对经济贡献度仅次于金融业，引领着美国的产业发展。

（三）以日本为代表的产业带动型模式

20 世纪 90 年代中期，日本发展策略从"技术立国"转变为"文化立国"，这一时期的产业特征是推动文化与信息技术融合。在这一转变下，包括动漫产业在内的一批对新技术依赖度较高的产业迅速崛起，成为日本文化和科技融合的典型代表。以动漫产业为例，其显著特征是从内容产业发端，衍生出一系列相关产业，产业链条主要包括漫画创作与漫画出版、动画制作、动画播放，以及动漫关联产品和动漫衍生品的开发，各个环节环环相扣，提升了动漫产品的附加值，产生了巨大的经济效益，成为日本的重要支柱产业。在此期间，日本诞生了全球知名的索尼、任天堂等超大型文化科技跨国企业，所生产的动漫产品成为日本出口的主要产品，日本随之成为世界上最大的动漫制作和输出国，尤其是在亚洲国家和美国占据了大部分的市场份额。为了支持文化产业发展，日本 2003 年成立了"知识财富战略本部"，把"新文化产业"确定为国家发展战略；2007 年发布了《日本文化产业战略》，还制定了包括《著作权法》《文化艺术振兴基本法》《大学及研究机构技术转移促进法》《新文化立国：关于振兴文化的几个重要策略》《21 世纪文化立国方案》

等法律法规和政策文件，深入挖掘传统文化资源内涵，推动数字技术提升和载体创新。东京是日本动漫产业最发达的地区，拥有超过全国 80% 的动漫企业，产业发展高度集约化，在策划、制作、管理、发行等方面有严格的专业分工，企业能够充分享受到全产业链发展优势。此外，每年举办东京国际动漫展、动漫嘉年华、数字信息展等文化活动，推出大量文化创意产品，让世界更全面地了解了日本动漫产业。

二、构建协同创新网络促进产业集群发展

文化和科技融合涉及诸多领域和部门，多国从纵向打造"政产学研"一体化贯通的发展体系，横向打造多产业融合发展的创新网络，推进产业集群发展，取得了良好成效。

（一）政府参与推动建设文化科技创新合作网络

一些国家通过政府制定战略规划、提供政策支持和增加财政投入等方式，引导高等学校、科研机构、企业等力量参与文化和科技融合，实现多方协同发展。英国于 2018 年 11 月启动了"创意产业集群计划"，由非政府公共机构艺术与人文研究委员会执行，重点建设 9 个创意产业集群和 1 个独立政策研究中心，各创意产业集群由当地政府、高等学校、企业、行业协会、公共机构等共同组成，形成合作伙伴关系，利用 AI 等技术革新游戏、设计、广告、影视、表演等文化行业，旨在通过加速创意产业相关技术研发来创造可在全球销售的创意产品和体验，实现全国及地区经济的可持续增长。澳大利亚政府与悉尼科技大学合作，于 2009 年建立了"创意产业创新中心"，旨在为中小型文化创意企业提供项目孵化等咨询服务，从而增强企业的运营效率和竞争能力。韩国政府则与三星电子、电信运营商 KT（Korea Telecom，韩国电信）、脸谱等企业签订"关于推动 VR 与内容产业同步发展的合作谅解备忘录"，由韩国文体部和韩国文化产业振兴院制定 VR 与内容产业融合发展的扶持政策，投入数百亿韩元支持开发虚拟现实内容，力争在全球虚拟现实产业市场掌握主导权。

（二）产学研结合推进关键核心技术研发及成果转化

高等学校和科研机构具有基础研究优势，文化企业对于市场需求较为敏感，而科技企业在技术应用和创新方面具有更丰富的经验，因此，发挥不同主体的比较优势，成为发达国家促进文化和科技融合发展的重要途径。英国在"创意产业集群计划"主导下建设创意产业集群，高等学校和科研机构作为各个创意产业集群的主导力量，与知名企业、行业协会等形成合作伙伴关系，共同探索文化和科技融合的前沿领域，将技术创新和市场需求有效衔接。如，在利兹建立的"未来时尚工厂"集群，由利兹大学和皇家艺术学院牵头，联合英国时尚和纺织协会、英国时装委员会等合作伙伴共同参与，致力于开发先进的数字化纺织技术，推动高价值的产品设计。加拿大康考迪亚大学在2018年与游戏公司育碧合作成立创新工场"XR：MTL"，计划将行业领军企业、初创企业和学术界等力量聚集起来，联合开展技术研究、产品开发，通过知识产权共享等，实现 XR 技术在娱乐等行业的商业创新。2019 年，美国麻省理工学院的纳米科学与技术中心（MIT. nano）与韩国互动娱乐软件公司（NCsoft）合作推出为期四年的"沉浸实验室游戏计划"，探索 AI 等技术创新，以及在未来如何与世界及他人进行互动。

（三）产业集群或区域合作推动产业协同发展

在新经济发展阶段，随着文化和科技的深度融合，文化企业和科技企业通过产业集群或区域合作的方式趋向协同发展。如美国旧金山湾区汇聚了互联网软件与服务、互联网零售、通信设备、电影娱乐、家庭娱乐等领域的企业，呈现出高科技引领的特征，实现文化产业与高新技术产业的深度融合发展。英国在《文化数字化：执行摘要》中提出，要释放技术的创造潜力，希望通过政府支持在文化和各类研发机构之间建立起更多的合作伙伴关系。[①] 此外，以新兴文化产业带动关联产业协同发展，也是发达国家文化和科技深度融合的路径之一。如 2020 年 7 月，韩国发布了"新韩流振兴政策推进计划"，

---

① 解学芳，何鸿飞."智能+"时代发达国家构建现代文化产业体系的经验：兼及国际比较视野中对中国路径的思考 [J]. 华中师范大学学报（人文社会科学版），2022（4）.

提出促进韩流内容的多样化发展，培育游戏、电竞、网络漫画、虚拟表演等在线"韩流"内容，以"韩流"引领消费品、旅游、医疗、教育等相关产业共同发展。在这一政策推进下，以影视、游戏、流行音乐等为代表的"韩流"产业在全球范围内影响力迅速提升，与之相关的韩国消费品、美容业、旅游业等也随之实现快速增长，尤其是在对外出口方面，据统计，韩国的内容出口每增加 100 美元，可以拉动相关消费品出口增加 248 美元。日本在 2012 年启动实施了"酷日本"战略，通过动漫、音乐节目、时尚节目、日剧等内容产品在其他国家形成"日本热"，刺激消费者在当地购买日本产品和服务，吸引消费者到日本境内旅游购物消费，这一战略实质上是利用日本的动漫、综艺、影视等优势文化创意产业吸引海外消费者，从而推动日本时装业、食品制造业、家电制造业、旅游业协同发展。与此类似，英国针对电影、电视节目、动画、电子游戏等优势行业制定了税收减免政策，产生了明显的乘数效应和溢出效应，带动了旅游、零售品销售等关联行业增长。

三、强化保障机制促进文化内容可持续创新

文化和科技融合离不开强有力的机制保障，各国在立法、政策、资金等方面都给予了极大的支持。

（一）重视战略布局和政策支持

在战略布局层面，不少国家认识到科技对文化产业转型及新经济发展的重要性，纷纷制定出台相关战略规划以确保本国在全球文化和科技融合领域的先发优势。英国先后推出了"英国数字战略""产业战略：人工智能领域行动"等，推动英国数字经济、人工智能相关产业发展，这些产业的发展为文化和科技融合奠定了基础。因此，在 2017 年 9 月发布的《创意产业独立审查》报告中就提出，要充分利用 VR、AR、5G、3D 打印等新技术来保持强大的创新能力，打造"创意—科技"产业；并在《在英国发展人工智能产业》报告中强调，将 AI 广泛应用于广告、设计、创意、娱乐等领域。欧盟在 2018 年 5 月通过的《新欧洲文化议程》确立了文化政策框架，并指出"数字革命和现代信息通信技术为文化创意领域提供了许多新的可能性和机会""文化创

意产业要走在高性能计算、云计算、AI、物联网等范式的前沿"。为支持文化创意部门应对数字化转型和全球化带来的挑战,欧盟还在《新欧洲文化议程》中提出了"Digital4Culture"战略,在"创意欧洲"计划中强化了对文化产业数字化转型的支持。澳大利亚 2013 年颁布的《创意澳大利亚》强调,数字技术转型给澳大利亚创意产业提供了发展机遇,使其成为整体经济转型的核心。

(二) 建立健全法律法规和有关制度

文化和科技融合使文化产业生产、流通和消费等环节都发生了巨大的变革和创新,基于传统文化产业制定的法律法规已难以适应其发展,促使各国政府不断完善有关法律法规,从而满足文化产业良性发展的制度要求,优化文化产业发展生态。各国的着力点主要集中在版权保护和内容管理两个方面。版权保护方面,英国在《数字经济法(2017)》第 31 条至第 34 条中明确了"电子音频书"的含义,将侵权行为的最高刑期提高至 10 年。英国知识产权局自 2021 年起,就"AI 使用具有版权的作品和数据""保护 AI 产生的作品"等焦点问题,对现有版权法进行修改。日本 2018 年颁布了《著作权法修正案》,扩大了 AI 使用受版权保护作品的豁免规定,促进国内 AI、大数据、机器学习等技术和服务的发展。欧盟从 2016 年开始对版权规则进行改革,2019年颁布了《关于数字单一市场中的版权和相关权利指令》和《关于适用于广播组织特定网络传输以及电视台和广播电台节目转播的版权及相关权利的指令》,针对"获取在线和跨境内容""完善科研、教育、文化遗产中的版权规则""完善版权市场"等问题作出了新的规定,确保创作者获得公平报酬、用户拥有明确权利以及平台切实履行责任。内容管理方面,澳大利亚颁布了《媒体内容分类法》,加强对未成年人访问内容的分级管理;英国颁布了《数字经济法(2017)》,强调对未成年人接触网络色情内容的管制;欧盟在《视听媒体服务指令》中,对视听媒体服务作出了"禁止煽动仇恨""加强未成年人保护""推广和发行欧洲作品"等明确规定,并通过《数字服务法案》和《数字市场法案》,强化对虚假信息、非法内容等的监管。

(三) 完善多元化资金投入机制

充分发挥政府资金引导作用,撬动社会资本投入文化创新领域关键核心技术攻关、公共文化基础设施数字化改造等。一方面强化政府财政预算支撑。许多发达国家以新一代信息技术为切入点，支持文化和科技融合领域关键核心技术攻关和应用推广。美国在 2023 财年增加对国家科学基金会的拨款，研究计划总预算达 70 亿美元，增幅约为 8%；英国政府提出与产业界合作加强研发能力，目标是到 2027 年让研发支出提升至国内生产总值的 2.4%，并通过工程和物理科学研究委员会拨款 3 亿英镑用于资助数据科学、AI 等研究。此外，数字基础设施作为推动文化和科技融合以及构建文化科技新消费市场的底层物质条件，其建设也备受重视，英国投入超过 10 亿英镑的公共投资来提升数字基础设施建设水平，其中 1.76 亿英镑用于建设 5G 移动网络，2 亿英镑用于鼓励地方推广全光纤宽带。欧盟制定了文化遗产数字化转型方案和古迹遗址数字中心建设方案，通过完善欧洲文化遗产数字平台，带动各类文化遗产机构进行数字化转型，促进欧洲文化遗产的数字化获取和使用等。另一方面，充分利用社会资本资助文化创作和传播。美国 1965 年成立了国家艺术和人文科学基金会，该基金会的资金一部分来源于联邦财政预算，而绝大部分来源于私人基金会和艺术赞助者，两者的比例约为 1∶5，时任美国副总统休伯特·汉弗莱曾指出该基金会中来源于联邦财政预算的资金在本质上是一种"种子基金"，它极大地撬动了社会资本汇入文化创作领域，产生了巨大的"乘数效应"，成为政府资助文化创意产业的特色所在。英国 1998 年成立了国家科技艺术基金会，旨在资助和扶持创意和创新事业，支持科学、技术、艺术和教育领域的创新及创意项目。此外，英国国家彩票基金也是英国文化创意产业发展资金主要来源之一，该基金以"支持文化和艺术、发展文化和创意"为主要目标任务，每年约有 30% 的收入用于资助综合艺术、舞蹈、文学、音乐、剧院、视觉艺术等领域的创作和传播。日本艺术委员会通过运营由政府拨款和民间捐款组成的"文化艺术振兴基金"，将其收益用于补贴文化艺术的创作和传播活动。

第二节　国内推动文化和科技融合主要做法

近年来，北京、广东、浙江、上海、山东、江苏、湖北、福建等省市文化产业发展势头强劲，四川、陕西、重庆等中西部地区表现较好，跻身中等水平，黑龙江、河南发展驱动力有明显提升，文化产业发展较快，这些省市的诸多做法已成为全国的典范。

一、建立健全领导机制

我国的文化和科技融合主要是基于市场自由发展的基础上，政府通过建立健全领导机制、制定发展规划、出台政策等措施，发挥引导和促进作用。在领导机制方面，北京成立了由市委、市政府主要领导挂帅的全国文化中心建设领导小组，统筹中央和地方文化资源，协调推动包括文化和科技融合在内的全国文化中心建设各项重点任务。上海成立了由市委宣传部、市经济信息化委等17家单位组成的上海市文化创意产业推进领导小组。此外，长沙、福州等地还根据工作需要，成立了长沙国家级文化和科技融合示范基地建设领导小组、福州市国家级文化和科技融合示范基地建设（管理）工作领导小组等专项工作领导小组或联席会议机制。在规划引领方面，北京提出文化、科技创新"双轮驱动"战略，并在《"十三五"时期加强全国文化中心建设规划》中明确，要坚持文化创新发展原则，推动文化和科技深度融合，让文化插上科技的翅膀，让文化创新在首都蔚然成风。江苏印发了《关于促进文化和科技深度融合的实施意见》《江苏省政府关于加快提升文化创意和设计服务产业发展水平的意见》等，四川发布了《推进文化创意和设计服务与相关产业融合发展专项行动计划（2014—2020年）》，浙江发布了《关于推动数字文化产业发展三年行动计划（2018—2020年）》，广东发布了《关于推动文化与科技融合发展的实施意见》，辽宁发布了《关于促进文化和科技深度融合的实施意见》等。在政策支撑方面，北京、江苏等省市印发出台了涵盖文化金融、文化旅游、资金支持、人才培引、知识产权保护等相应配套政策措施。较典型的是北京自2013年起设立"北京市文化创意产业发展专项资金""北京市绿色印刷出版物奖励资金"等产业扶持资金，制定了《北京市文化创意产业发展专项资金项目奖励实施细则（试行）》《北京市文化创意产业发展专项资金项目贷款贴息实施细则（试行）》；江苏出台了《关于促进文化和科技融合发展的二十条政策措施》，设立省级非物质文化遗产保护专项资金；湖南在科技端发力，发布《关于加快文化创新体系建设的意见》等。

二、打造融合发展聚集区

科技部、中宣部会同相关部门分别于2012年、2013年、2019年、2021年、2024年分五批共认定了107家基地，其中，集聚类基地50家，单体类基地57家，基本形成以文化为内容核心、以科技创新为重要支撑、文化科技深度融合的产业业态，构建了以文化大数据、公共服务、数字出版、文化装备制造、媒体融合、文化旅游综合服务等为主要方向，集聚类基地服务地方产业发展与实体经济、单体类基地服务行业技术研发与集成应用的全方位、多层次、开放式创新发展格局。在国家文化和科技融合示范基地建设的背景下，陕西、山东、辽宁、湖南、浙江等省快速反应，先后启动了省级文化和科技融合示范基地建设工作。陕西在参照国家认定标准的基础上，进一步对示范基地边界范围作出了具体要求，明确提出对已认定的示范基地优先推荐申报国家文化和科技融合示范基地，由各级科技计划和文化产业专项资金给予支持，并优先布局文化和科技融合领域创新平台。山东提出到2025年建成50家左右特色鲜明、示范性强、管理规范、配套完善的省级文化和科技融合示范基地，对认定为国家或省级文化和科技融合示范园区（基地）的，享受省重点建设项目有关政策。辽宁提出未来5年将围绕新闻出版、广播影视、文化艺术、创意设计、文化旅游等方向，依托高新区、文化产业园，以及文化和科技融合领域优势单位，择优认定50家以上省级文化和科技融合示范基地。浙江提出到2025年培育省级文化和科技深度融合示范园区50个。

三、构建公共服务平台

一些省市通过搭建公共技术服务、信息交流、投融资服务等平台，破解文化产业集聚、市场推广、技术研发和投融资等重点难点问题。如上海建立"数字文化家园"服务平台，通过自主研发东方社区信息苑中央管理系统，强化异构内容整合发布、网络访问多层监管、用户行为分级管控等功能，运用远程控制等手段，向普通市民，特别是未成年人，提供健康文明的绿色公益上网服务。天津依托国家超算中心，加强超级渲染与捕捉、影视动漫公共网络支撑、动漫游戏技术开发与测试等公共技术服务平台建设，进一步提升文化产品的科技含量。深圳建立文化信息传播、数字内容、数字版权、文化娱乐、文化产业投融资、文化产品与设备测试等公共技术服务平台，通过打通研发设计、技术创新、产品孵化与市场推广等产业链关键环节，帮助文化科技企业解决技术攻关、成果转化过程中遇到的各类问题。杭州、南京、西安在金融服务上下功夫，杭州通过搭建国有文创产业投融资平台，建立文创产业投资基金，成立文化产权交易所，解决中小微文化科技企业融资难问题；南京、西安则是通过引导商业银行等金融机构开发符合中小型文化科技企业特点的金融产品和服务项目，设立文化和科技融合发展专项基金等方式，发展面向文化科技企业的融资、租赁和担保业务，重点对处于孵化和成长期的文化科技企业给予金融支持。

四、创新融合发展模式

各省市在推进文化和科技融合发展过程中，探索了一套符合自身实际的发展模式。如天津滨海高新区坚持"文化+创意+科技"相结合，着力打造民族性原创动漫、渲染技术、新媒体、新影视、智能手机平台游戏、演艺装备等6大产业集群，搭建文化科技产业拓展、创业孵化、融资信贷、技术服务、交流互通等5大平台，开发出立体动感球幕影院、《四大名著》系列漫画、《兔侠传奇》等一批优质拳头产品。上海张江国家自主创新示范区建立了"科技+文化+金融"多元融合发展模式，依托基地内的上海文化产权交易所（版权交易中心），促进文化产品的市场交易和流通。沈阳创新性地建立了"和平蓝海 1+N"工作模式，即科技创新"一站式"服务平台+"航母舰载机"创新转化模式、"创意工厂"模式、"展示交易推广"模式等多种创新模式，在技术服务、企业孵化、成果转化、人才培训等方面，为文化企业发展提供全方位立体化的科技创新服务，加速文化和科技融合发展。常州建立"文化+科技""创意+旅游""动漫+广告"融合发展路径，以 3D、云计算、智能识别等技术为支撑，提升文化产品科技内涵；整合原创动漫与主题公园上下游资源，走内容和渠道融合之路，"形象—内容—媒体—体验—衍生"产业链日益完善；运用动漫技术，提升广告创意水平，建设全国动漫公益广告生产制作中心；依托 3D 裸视技术，自主研制高清裸眼立体显示屏；研发 3D 数字技术，实施恐龙复活计划，开拓了魔幻演艺、魔幻体验、魔幻网游新领域。

五、培育文化产业新业态

文化产业新业态作为文化和科技融合的产物，具有知识含量高、资源消耗低、附加值高等特点，是推进文化和科技融合的新引擎，各省市都十分重视对其的培育和发展。如，广东积极推动文化产业与数字技术、电子信息技术等现代高新技术的深度融合，涉及数字内容、虚拟娱乐、创意设计、新媒体等领域，囊括数字出版、动漫制作、网络游戏、数字影视、智慧旅游等 10多个主要行业门类，初步形成了门类齐全、品种丰富的文化新业态产业体系，为加快转变经济发展方式，推动产业转型升级提供了重要抓手。浙江支持杭州等地创建国家文化消费试点城市，鼓励发展网络视频、网络游戏、网络文学、网络直播等数字文化消费业态，同时，推动文化消费线上线下融合创新，探索文化产品多渠道发布、多网络分发、多终端呈现，支持"云课堂""云听""云音乐节""云旅游"等新型文化消费。辽宁推动跨媒体内容制作与呈现，利用 VR、AR 技术实现内容传播精细化与沉浸化。研究云平台技术，打造好、运用好融媒体"中央厨房"，优化媒体的策采编发流程，并支持辽宁报刊传媒集团全媒体指挥中心、辽宁广播电视集团"北斗云"融媒体播控平台等建设，推动"政务云""宣传云""公共服务云""大数据服务云"等项目建设，支持北方广电网络公司加快"5G+智能融合网络"等项目建设，全面支撑和推进省、市、县三级媒体融合发展，创新新闻宣传新业务，打造能够更好服务社会、服务用户的新业态。

六、重视专业技术人才培引

一些省市创新机制和模式，加快培养文化和科技复合型人才，建设高素质、高水平的文化产业科技人才队伍，为文化和科技融合创新提供智力支撑。如，北京在美国硅谷建立了"中关村科技园区雍和园硅谷高端文化科技人才创业基地"，培育优秀国际化人才。上海设立"上海市浦江人才计划"专项资金，把"文化创意"列入年度紧缺急需人才资助领域，对符合条件的人才给予资金支持。湖南鼓励有条件的高等学校开设文化产业管理等相关专业，探索文化与技术、管理相结合的教育培养模式，推进创新型、复合型、外向型文化科技跨界人才培养；依托"五个一批"人才工程和科技领军人才培养计划，建立健全文化科技人才津贴制度、文化科研项目资助制度等，每年扶持一批运用自主知识产权或核心技术创业的文化科技人才，培养一批具有创新精神的文化科技职业经理人。四川大学、电子科技大学、成都大学等高校设立动漫游戏相关学院及专业，成都大学还在四川率先开辟了文化创意大专业平台实验班培养创意人才。广东通过实施"岭南文化名家工程"，探索建立文化新业态人才职称评定和职业资格认证机制，开展动漫网游等文化科技领域的职称评定和职业资格认证工作。

第三节　对推进文化和科技融合的几点启示

一、重视人才的贡献

人力资本能够有效遏制物质资本边际效益递减，对保持经济发展速度具有重要作用。不论是发达国家，还是上述经验中提到的我国先进省份，都拥有较大规模的人才资源群体。除此之外，在人才资源的开发和运用上要着重提高人才的专业化程度，优化人才的激励机制，提高文化创意产业的吸引力，为文化和科技融合提供充足的人力资本。

二、强化知识和技术的作用

新增长理论强调知识外溢对经济具有内生增长作用，在文化创意产业的发展中，专业化的知识作为内生增长要素，能够起到保持文化产业活力和产品竞争优势的作用。知识的载体是知识产品，加强对知识产权的保护才能解除人才创新创造的后顾之忧，保证知识产品的创造者对知识产品自由复制、使用、传播的收益，这样才能促进知识和技术的不断创新。

三、提升政府服务能力

对文化和科技融合而言，要借助政府"有形的手"有意识地引导产业向积极方向发展，政府通过制定战略规划、健全制度措施、完善基础设施、营造良好氛围等方式，为产业创新发展提供必要的软硬件条件，破解产业发展中的体制机制障碍，支持产业做大做强。

四、提高空间利用水平

空间资本分为虚拟空间和物质空间，虚拟空间特别是网络技术已成为当代经济发展无法忽视的增长点，对动漫等网络依赖程度较高的产业发展起到重大推动作用。物质空间方面，对于文化创意产业而言，可以形成产业集聚，促进全产业链发展，带来生产成本降低、用地租金优惠和信息共享等优势。

第七章　文化和科技融合发展对策

文化和科技融合既是时势已至，也是时势所驱。总体来说，其实现途径在于发展战略、政策等的一体化融合，具体来看，不同地区、不同领域又各有特点。如，东部地区数字化等技术发展和利用更为超前，而西部地区尤其是少数民族地区民族文化资源丰富，因此，要充分发挥各自比较优势，将文化资源转化为文化产品，使其进入市场流通环节，并最终形成规模化的文化产业。

第一节　一体化融合

一、发展战略一体化融合

科技创新和文化创新对于融合发展的贡献各有侧重。科技创新侧重从生产力的角度出发，解决融合发展的手段和条件问题，它是一个从基础研究、应用研究，到试验开发和研究开发成果商业化的全过程。文化创新具备的是侧重思想观念、公共服务和产业 3 个维度的创新，它既从生产关系又从生产力的层面，解决发展的精神动力和产业形态问题，又在产业属性和生产力维度表现为文化创意产业的发展。因此，两者的融合发展必须要有科学的战略规划。虽然近年来国家和各省市都出台了一系列指导性文件，但我们也看到，这些文件一定程度上缺乏系统性。为此，一是要加强文化和科技融合的总体规划布局，挖掘文化和科技融合发展的丰富内涵，准确判断发展程度和阶段，系统制定融合发展中长期规划和实施方案。加强对文化、科技、财政、宣传、统计等部门的统筹协调互动，优化文化科技资源配置，强化各创新主体的互动共享，从而促进文化和科技深度融合发展。二是要明确文化和科技深度融合发展目标，选准突破口，调整文化领域的学科布局，促进系统内外的科技资源整合，运用现代科技手段使文化资源优势转变为文化产业优势，创新文化生产方式并催生新的文化业态。三是要针对各省市文化科技创新的区域特点，优化文化科技创新空间布局，引导各省市依托文化科技资源禀赋，积极培育发展具有地方特色的文化科技产业，实现差异化、集群化发展，释放共同发展潜力。

二、政策保障一体化融合

科学、系统、可操作的政策体系是促进文化和科技融合的重要支撑。与文化和科技融合息息相关的主要包括知识产权政策、税收政策、奖励政策等，虽然过去这些方面的政策也出台了不少，但是随着网络技术、虚拟现实技术的广泛应用，文化产品的创作手段在不断优化和丰富，文化产品的展示和传播渠道不断拓展，文化科技创新不再受传统地域和时效限制，这也对现有法律法规和政策提出了新的挑战。因此，一是要加强知识产权保护，梳理文化和科技领域现有相关法律法规，重点聚焦知识产权保护等方面，建立健全文化和科技融合法律保障体系。建立知识产权保护的部门联合执法机制，转变目前知识产权等的执法较分散的局面。二是要研究制定文化和科技融合分类目录并建立配套指标体系，确定文化和科技融合创新中的技术标准、服务标准、产品标准和评估标准，为引导产业健康发展提供合理依据。三是要加大税收支持力度，对从事文化和科技融合相关研究、开发和产业服务的人才以及企业给予税收优惠。如，对科研人员从事文化创新研究获得的各类奖金或津贴，减征或免征个人所得税；对科研人员的文化创新研究开发成果以技术入股获得的股权收益，实行在特定时期减征或免征个人所得税；对投资文化产业技术创新活动的境内企业适当减征所得税等。

三、人才队伍一体化融合

高素质人才队伍是推动文化和科技融合的根本保障，要围绕文化科技一体化发展的需要，树立大教育、大培训观念，针对不同类型人才的特点，制定培养规划、创新培养模式、改革培训内容，多渠道、多形式培养复合型人才。一是要拓宽人才培养渠道，坚持引进和培养相结合，创造适合创意阶层发展的生活环境，吸引优秀文化科技人才创新创业。同时，鼓励高等学校增设文化科技产业相关专业，形成具有文化艺术类、科学技术类和经济管理类学科特点的交叉性学科，开展本科生、研究生联合培养。鼓励高等职业院校、中等职业院校与有关文化科技企业建立人才培养长效机制，搭建实习实训基地，引导学生"动脑思考+动手操作"，提高其发现问题、解决问题的能力。二是要完善人才管理机制，充分发挥市场在人才资源配置中的决定性作用，建立健全创意设计、数字出版、数字传媒和动漫游戏等行业领军人员、制作人员、运营人员、中介服务人员等的分类管理机制，实现人力资源效用最大化。规范文化科技人才评估机制，为文化科技人才的引进、培养、评价和流动提供指导。三是要完善文化科技人才交流机制。积极引导科技人才和文化产业人才互动融合，促进人才合理流动。

四、经营主体一体化融合

经营主体是文化和科技融合的关键，要建立以企业为主体、市场为导向、产学研相结合的文化和科技创新体系，利用各类项目，有效整合产学研力量，加快技术创新成果的产业化，使企业成为推进文化与科技融合的投资主体、研究开发主体和科技成果转化应用主体。一是要支持企业作为项目合作、产业并购和联合经营等市场活动的主体，深化产业间和企业间的开放合作和互利共赢，推动文化产业提质升级。二是要推动区域文化产业供给侧结构性改革和新型文化科技消费结构形成，支持文化科技企业进行研发技术升级、文化产品创新，采取新媒体与大数据传播分销等方式，压缩原创产品研发周期，为广大消费者提供更多科技含量高、创意性强的文化精品，避免低端、重复竞争，引领和培育以增值服务为导向的新型文化消费结构，刺激潜在的文化消费需求。三是要建设一批开展共性技术研发和工程化推广的公共服务平台，逐步健全文化科技中介服务体系，为文化科技企业提供社会化、市场化服务。

第二节　区域化融合

文化产业的发展与经济发展水平存在极高关联度，我国东部地区经济发展速度快，科技型企业活跃，创新能力强，以杭州、深圳等为代表的主要城市占"全国文化企业30强"半壁江山，以山西、安徽、湖南等为代表的中部地区文化产业发展空间较大且状态良好，拥有不少文化科技企业，但是与东部地区相比仍有一定差距，主要体现在：领域集中在旅游、文物保护等传统行业；以技术应用为主，在文化内涵深度挖掘、内容和模式创新等方面仍有不足。而西部地区文化和科技融合发展的意识普遍较低，仍停留在概念理解和点位布局上，没有形成产业化发展趋势。从国家文化和科技融合示范基地布局来看，形成了三极凸显、东部带动的发展格局，北京、浙江、广东成为文化和科技融合发展的三极，东部地区占据半壁江山，基地数量占比超过一半。从文化企业营业收入来看，2022年，东、中、西和东北部地区规模以上文化企业分别实现营业收入91 714亿元，18 269亿元、10 793亿元和1029亿元，比上年增幅分别为0.1%、0.5%、5.8%和-0.1%，呈现出中部地区增长较快，东、西部地区增幅较小，东北地区不升反降的趋势。在研发格局上也形成了东部地区研发，中部、西部地区应用的格局。东部地区着力推动云计算、虚拟技术、物联网、软件定义、人工智能、区块链等新一代信息技术与文化产业的融合，数字动漫、网络文学、网络游戏、网络视频等新业态呈现快速发展态势，长三角、环渤海等地区逐渐形成了以北京、上海、杭州、广州、深圳为中心的文化科技研发基地，聚集了腾讯、网易、爱奇艺、优酷、阅文、字节跳动等国内知名文化科技企业；京津冀地区借助其经济发展优势，数字文化产业加速布局，积极打造构建以北京为创新核心，天津为综合支撑，河北张家口、廊坊、承德、秦皇岛、石家庄为应用拓展的数字文化产业一体化布局。近年来，西南地区、西北地区和中部地区逐渐加强与东部地区合作，加快新技术与文化产业的对接，推动文化产业创新发展。

国内外文化和科技融合经验表明，一个地区的人文、历史、科技、教育、资金等资源是文化和科技融合的重要依托，同时，资源要素集中的区域还形成了强大的虹吸效应，加剧了区域的差异化发展。因此，应从国家、区域等各层面入手，鼓励地区间交流合作，支持各地区依托特色文化资源和优势产业基础，因地制宜制定推动文化和科技融合发展的对策措施，构建文化和科技融合区域联动发展格局，形成错位竞争、协同推进的格局，从而推动文化和科技融合高效平衡发展。

一、明确各地区文化和科技融合定位

东部地区要以文化产业功能区建设为抓手，推动文化产业集聚与经济转型升级、城市功能优化调整和经济社会全面协调发展，鼓励东部地区将知识含量、技术水平较低的产业形态向中、西部转移，最大程度发挥文化产业集聚对邻近地区的空间溢出效应，推动文化产业形成东部地区居首、中部地区居中、西部地区居尾的"雁阵"分工格局。中、西部地区要走差异化发展道路，以丰富的少数民族文化资源和历史文化资源等为基础，深挖其内涵，将文化资源转化为独具特色的文化产品，使其进入市场流通环节，并最终形成规模化的文化产业，加快实现文化资源的商业化和盈利化。其中，中部地区应强调依据产业分工，对文化产业园区的空间布局进行合理优化，通过链接全国乃至全球价值链发展地方特色文化产业，引导园区内、园区间企业建立起基于专业化分工的生产交易网络，促进文化产业园区提档升级；西部地区应强调与城市发展充分融合，形成园区、社区、城区三区合一的新格局，充分发挥西部地区名城名镇名村众多的优势，留住"文脉""乡愁"，在"一带一路"、长江经济带等国家战略中，建设一批有历史记忆和地域特点的文化街区、创意城镇，形成沿路、沿江文化产业高地和特色文化产业带。

二、促进文化和科技融合集群发展

文化科技产业集群实际上是将文化科技产业要素与区域经济有效结合，从而产生孵化效应和整体辐射力的文化科技企业集群，是产业发展到高级阶段的重要标志，其建设和发展需要有科学合理的规划引导。因此，一方面，要强化产业发展规划布局，政府要在现有产业空间布局的基础上，整合优势产业的上下游产业、周边产业、关联产业和衍生产业，构建完整的文化科技产业链。要促进创意设计等众多独立又关联的产业互补合作，延伸产业链条，带动文化产业、制造业、建筑业和服务业等不同属性的产业融合，催生新兴业态，形成新的经济增长点。要加强区域之间产业集群的协调互补，做到错位发展，避免重复布局和过度竞争。另一方面，要充分发挥市场在文化科技资源配置中的决定性作用，进一步促进文化科技资源和要素向优势产业、企业的适度集中，推动文化和科技融合的规模化、集约化、专业化发展，使文化创意和科技创新充分融入研发、生产、管理、营销和服务环节，重构产业价值链，使其从卖产品转变为卖文化、卖创意，增强核心竞争力，推动产业结构优化升级。

三、优化文化和科技融合产业园区功能

强化符合文化特征的园区软硬件设施建设。在硬件设施方面，不仅要加强通信网络、交通运输、场地、设备等硬件服务，降低企业的运营成本；也要营造良好的文化科技创新氛围，建设信息发布、技术咨询、融资担保、人才交流、知识产权代理和生活服务等一体化的文化和科技融合创新服务平台，为企业发展和品牌拓展创造良好环境。在软件设施方面，要立足提升园区整体效益，建立三位一体的绩效管理机制，即过程绩效管理机制，以绩效计划中确定的管理节点、阶段目标为依据对园区内企业的日常和阶段性绩效表现进行监督与管理；综合绩效评估机制，对园区内企业的各项绩效指标和绩效计划完成情况进行多维度、全方位衡量；绩效评估结果动态应用机制，通过结果的应用，实现文化科技企业集群绩效的持续改进，完善与优化相关科技

文化政策和园区奖惩激励的科学化与合理化。在评估过程中，要着力构建"内容全面化、主体多元化、程序规范化、结果公开化"的综合评估体系。评估组织方面，建立以园区主管部门为主体的绩效评估工作组，负责开展综合绩效评估工作；评估类型方面，应包含客观评估和主观评估，主观评估应注重引入外部公众评价，避免内部考评的"人情因素"与"操纵控制"。

四、完善区域文化和科技融合产业联动发展机制

由政府牵头建立省域联动发展机制，深入挖掘区域文化资源和科技创新优势，推进先进生产要素合理配置，促进新兴文化产业发展。首先，要加快创新要素流动，利用"互联网+文化产业"普及和大数据云平台发展所打破的人才、资金和资源的地域限制，促进创新资源得到更高契合度的使用，使科技要素在文化产业中得到新的组合与延展。尤其是在引才留才用才方面，建立紧缺型高端人才的生活服务、分配奖励、股权激励和科技成果转化收益的综合保障体系，利用人才在产业领域内的良性流动促进知识溢出渠道形成，加速信息流通和扩散速度，从而带来更多的熟练劳动力和专业化分工，打破不发达地区高端人才数量不足、引进困难、自主培养周期长、成本高且流失风险大的束缚。其次，要进一步优化区域间创新要素配置，促进成果转化与服务共享，将区域经济发展、产业提质升级同产业集群建设一体化推进，实现相互促进、相互平衡、共同发展的双赢局面，进一步缩小文化产业科技创新能力的区域差异。

第三节　差异化融合

2019 年，科技部等六部门联合印发的《关于促进文化和科技深度融合的指导意见》提出，要"重点突破新闻出版、广播影视、文化艺术、创意设计、文物保护利用、文化遗产传承发展、文化旅游等领域系统集成应用技术"，明确了文化科技深度融合发展的重点领域，每个领域因其发展现状不同，涉及

的技术领域不同，融合发展的切入点也各不相同，更需要差异化的技术支撑和融合政策。

一、新闻出版

围绕新闻出版全产业链上的内容资源集成、出版、印刷、发行、版权保护等重点环节，开展技术创新与应用示范。加快全媒体资源管理与集成技术、语义分析搜索及自动分类标引技术、多介质多形态内容发布技术、彩色电子纸等新兴数字显示技术的研究，促进传统新闻出版产业的数字化转型升级，形成覆盖网络、手机以及适用于各种终端的数字出版内容生产供给体系；开展数字印刷和绿色环保印刷技术研究，促进传统印刷设备的升级改造和节能减排；开展数字版权保护关键共性技术研究，提升文化创意产业版权、专利、商标、设计保护机制的技术水平，促进以版权为核心的多元融资体系建设，推动数字出版产业健康发展；支持电子图书、数字报刊、网络原创文学、网络教育出版、数据库出版、手机出版等数字出版新兴业态发展，提升创新能力。

二、广播影视

围绕下一代广播电视网、互联网电视、地面数字电视、移动多媒体广播、直播卫星、电影产业科技提升以及融合网络创新服务等广播影视文化产业布局，重点开展广播电视网、互联网业务应用融合支撑技术、影视动漫生产与集成制作技术、新媒体集成管理与分发传播技术研发，提高 3D 影视、特效制作技术水平，提升影视产品制作质量和效率，推动广播影视文化传播服务体系升级换代和新技术应用。重点包括：实时交互虚拟化电影协同制作，如创新电影制作方式，研制实时交互虚拟化电影协同制作系统平台，为电影创作和生产人员提供贯穿电影生产全过程，可实现虚拟摄影、虚拟场景、虚拟角色、实时跟踪、实时渲染、实时合成及实时预演功能的全新电影创作工具，优化电影制作流程，提高电影制作效率与质量；互动电视媒体应用聚合云服务，如面向三网融合环境下的互动电视服务创新，集成云计算、媒体内容应用聚合、智能交互等技术，开展家庭互动媒体应用聚合云服务平台系统应用示范，形成家庭内容服务新模式及规模化应用服务能力，推动数字电视智能设备的升级和家庭内容服务产业的发展；立体视觉系统研发集成与内容服务，如以立体视觉制作、传输系统和内容服务的协同发展为目标，研制和集成立体摄影、内容加工制作、内容传输等系统，构建立体内容收录管理、内容在线聚合、智能检索、产品包装、在线服务等平台，丰富立体文化内容资源，开展规模化技术应用与内容运营服务示范，促进立体视觉产业链的形成与发展。

三、创意设计

围绕文化创意设计与展示关键共性技术和装备，形成整体技术集成解决方案。重点开展节能环保、新一代信息技术、高端装备制造、新材料、生物工程、酒类包装等领域的工业设计、关键共性技术和软件系统研发；构建专业化媒体超算与协同式创意设计云服务平台，面向广告、会展、工艺品等文化创意设计开展社会化服务，提升文化创意设计的表现力和创作力，提高创意设计效率和质量；研发文化主题公园关键共性技术及装备，形成系统集成解决方案，提升主题公园创意设计自主创新能力和文化旅游应用服务效果。

四、文物保护利用

围绕中华文明探源工程，着力攻克文物病害机理，提升科技支撑文物保护和开发利用水平。实施数字考古计划，广泛利用地理信息系统、互联网和三维模拟等先进技术进行考古信息提取、数据分析和数字化体验展示；推进考古学科关键共性技术研发，推动考古发掘科技保护与分析常规化，增强考古发现、科技检测分析、实验室考古、发掘现场文物保护等方面的能力；聚焦文物保护利用领域新技术、新材料、新装备应用的适用性、有效性，突破一批关键材料、工艺、装备和集成技术，加强基础数据积累，推动技术体系化、标准化进程；加快新技术、融媒体与文物资源间的技术转化与展示优化，加强人文科学、自然科学和工程技术的交叉融合，推动文物保护走深走实。

五、非物质文化遗产传承发展

围绕非物质文化遗产的保护和开发利用，重点开展传统文化资源与材料工艺的复原复现；非物质文化遗产资源标识规范与标识管理服务系统开发；满足虚实互动需求的非物质文化遗产资源数字化建设；非物质文化遗产资源数字化公共服务平台构建与应用示范；服务于非物质文化遗产资源公益服务与商业运营并行的互惠服务模式创新技术研发等，通过与科技的融合，使现存的非物质文化遗产数字化，让濒临灭绝的文化遗产"活在"虚拟的网络中。

六、文化旅游

围绕深挖文化内涵、提升旅游服务品质等方面，重点开展文化艺术内涵挖掘与理论及技术研究、文化旅游资源保护和传承利用、文化和旅游公共服务、文化和旅游治理技术，以及旅游文化和生态环保综合评价技术研究；结合智慧城市建设，构建集文化资源虚实展示、地理信息服务、文化旅游大数据商业智能分析、线上线下演出等于一体的文化旅游综合服务云平台，让游客根据手持终端，及时查找旅游景点资讯，方便选择吃、住、行、游、购、娱；构建智慧博物馆、古遗址智能展示等综合展示和服务平台，拓展旅游空间，打造差异化旅游服务。

七、其他新兴文化产业

（1）网络文化。开展网络原创文学、微博、网络剧、微电影等新兴网络文化形态、网络信息集成传播技术及前沿引导技术研究，探索新兴网络文化创新服务模式，繁荣民间文学、影视、音乐创作与传播。开展基于互联网群体互动的新型文化生活服务集成应用技术、网络社会系统安全监控监管技术研究，完善网络文化信誉社会监督机制，引导新兴网络社交服务业规范健康发展。

（2）网络游戏。实施"网络出版技术创新发展计划"，引导游戏底层技术创新发展。重点加强虚拟现实、感知交互、游戏引擎、动作捕捉等网络游戏底层技术创新突破，推动元宇宙、数字孪生、云游戏等新业态拓展应用。尤其是在云游戏已经成为技术革命和产业变革持续升级的典型代表的今天，要进一步开展云游戏平台开发，在云端完成最耗费硬件资源和功能，实现主机、电脑和手机三端合一，让玩家摆脱硬件和平台的束缚，实现"随时随地，云端秒玩"，扩展市场边界。

（3）文艺演出。利用数字技术打破传统文艺展演形式，加强视听效果提升和表现手法创新，革新传统展演表现手法；利用数字技术推动文化展演商业模式创新，运用网综、网剧等新形式打造系列节目进行可持续传播，契合年轻受众的消费需求。重点开展舞美设计和舞台效果集成系统应用，综合运用 LED 等舞台声光电综合表现系统集成技术、虚实互动的舞美设计与布景彩排系统、演播舞台、大型文化活动舞台监督监控和指挥调度系统及舞台机械控制系统等演播舞台表现技术，构建现代舞台成套技术集成解决方案，开展应用示范，形成规模化生产和应用服务能力，提升文化演出艺术的创作力、感染力和表现力。

（4）文化科技与相关产业融合。研究文化科技与相关产业融合发展的集成技术，增加相关产业文化科技含量，促进创新文化建设。文化艺术方面，加强高新技术与陶瓷、漆器、织造、印染、雕刻等传统工艺有机结合，研究建立文化艺术品知识数据库，在传承民族传统工艺特色的基础上，推陈出新，焕发生命力；研究新型网络娱乐化学习模式与云服务平台技术，聚合中华传统文化教育学习资源开展应用示范，弘扬中华传统文化和社会主义核心价值观。会展方面，提升会展设施的技术水平，做好国际会展等高端活动的创意策划、营销推广、接待服务的功能整合。文化娱乐方面，研究动漫游戏与虚拟仿真技术在设计、制造、科普、教育、体育、建筑、旅游、商务等产业领域的集成应用，加强动漫衍生品综合开发及文化娱乐装备的集成制造，促进动漫创意文化元素与相关产业的融合发展。

实 践 篇

云南文化演艺和科技深度融合研究报告

云南景色瑰丽，历史悠久，文化源远流长、丰富多彩、博大精深，拥有史前文化、古滇文化、宗教文化、抗战文化、民族文化等多种文化资源，多种文化相互交融，为云南文化演艺产业发展提供了丰富的素材。随着科技的日新月异，文化演艺借助各种技术手段，实现了内容更加丰富、形式更加多样、效果更加精彩。

一、云南文化演艺产业发展现状

（一）出台了一系列指导性文件和政策

自 20 世纪 90 年代中期云南提出"建设民族文化大省"以来，各级政府通过出台《云南民族文化大省建设纲要》《云南省加快文化产业发展的若干政策》《云南省文化产业"十三五"发展规划》《云南省旅游文化产业发展规划》《云南省旅游文化产业发展规划实施方案》《云南省文化产业与科技融合发展三年行动计划》《昆明市文化创意产业发展规划》《昆明市文化发展战略》《大理民族文化大州建设实施意见》《迪庆"香格里拉"文化州建设纲要》《丽江地区民族文化特色区建设总体纲要》《西双版纳文化立州实施意见》等一系列政策，对文化演艺产业进行引导和扶持，不断优化产业发展环境，逐渐形成了政府主导、市场主体、企业运作、可持续发展的良好格局。同时，各相关部门以项目为载体，加大资金支持力度，以区域文化为特色的云南文化演艺产业取得长足发展。

(二) 建立了以市场需求为导向的技术开发模式

充分利用云南少数民族文化的优势，将现代科技与传统民族文化元素相结合，打造了《云南映象》《丽江千古情》《丽水金沙》等多台具有思想性、艺术性、观赏性，又符合市场需求的作品，既保持了民族民间歌舞艺术的基本形态和特征，又兼顾了大众的现代审美要求。主要是在突出产品的娱乐性、体验性及赏析性的同时，利用灯光、舞美等先进舞台技术营造出亦真亦幻的视觉效果，如在大型主题旅游演艺项目中，利用帕尼灯制作形成的立体舞台画面、布景灯营造的各种各样鲜活场景、升降移动舞台显现的动态场景等，增强了艺术的表现力、冲击力和感染力，使原始古朴的民间歌舞充满了时代感，迎合了消费市场需求，使观众无论在感官视听，还是在心理体验上都获得了巨大的震撼，实现"注意力"与"体验"的有机结合。

(三) 形成了一批精品文化演艺项目

目前在云南有众多文化演艺项目在运行，多集中于丽江、昆明、西双版纳、香格里拉、大理等旅游业发达的城市，形成了多种不同的项目类型。一是山水实景演出类项目，如丽江的《印象·丽江》等。二是剧院演出类项目，如丽江的《丽江千古情》《丽水金沙》，大理的《蝴蝶之梦》《希夷之大理——望夫云》，西双版纳的《勐巴拉娜西》《傣秀》和楚雄的《太阳女》等。三是景区表演类项目，以云南民族村少数民族歌舞表演、"澜沧江·湄公河之夜"原生态歌舞篝火晚会等景区综艺表演为代表。四是国内外巡演加驻场演出类项目，以《云南映象》《孔雀》《走进香格里拉》《梦幻彩云南》等为代表。五是民族生活展示型项目，以大理上关鱼鹰表演为代表。六是宴舞演出类项目，以《大理吟》《木府古宴秀》和香格里拉土司庄园的表演等为代表。七是文化旅游演艺项目和杂技、马戏等文化旅游新产品，以《云南的响声》《吴哥的微笑》《梦幻腾冲》《我家红河》《天赐普洱》《快乐拉祜》《族印司岗里》《鹤舞高原》和德宏的目瑙纵歌、保山的巍巍松山等为代表。还有舞蹈剧《十面埋伏》、音乐剧《阿诗玛》作为中国音乐剧节的开幕式开演剧目隆重推出，并进入上海人民大舞台参加中国音乐剧展演季演出。此外，在充分挖掘和发挥民族文化特色的基础上，还培育打造了中国（云南）民族赛装节、彝族火把节、傣族泼水节、白族三月街、哈尼族长街宴、苗族花山节、花腰傣花街节、回族古尔邦节、景颇族目瑙纵歌节、傈僳族阔时节、普米族情人节、独龙族卡雀哇节、佤族木鼓节和摸你黑狂欢节、拉祜族葫芦节等一批民族文化节庆精品产品。

（四）呈现出国际化发展趋势

近年来，在国家实施文化"走出去"战略的大背景下，云南积极探索文化演艺跨国经营发展模式，形成了一批国际化文艺演艺项目，在美国、日本等近20个国家和地区演出300余场次，年均观众人数近20万人。其中，由云南文化产业投资控股集团独家投资运营的《吴哥的微笑》，是我国国有文艺院团首个在国外驻场演出的项目。该项目以柬埔寨历史文化为背景，所有服饰均取材于吴哥浮雕中的人物穿着，成为一道美轮美奂的"风景"；所有舞蹈均源于壁画和经文译义，秉着对柬埔寨文化信仰的尊重，鲜明体现出古老余教的神圣感，并将仪仗舞、宫廷烛光舞、将军舞、仙女舞、湿婆舞等少见的柬埔寨古典舞蹈，巧妙穿梭在各章节中，是还原鼎盛王朝的杰作，欣赏价值别具一格。重要的是，该项目还结合现代手法，利用巨型LED屏幕，结合声、光、电、水幕、烟雾等特效，打造出奇幻舞台效果。该项目目前已经成为长年驻扎国外的成功文艺演出节目范例，充分体现了中国文化演艺输出的不只是产品，更有理念与模式。

二、存在的主要问题

随着社会进步、产业升级、人们欣赏水平的提高等，消费者对文化演艺产品的创新创意提出了更高要求，需要更多更先进的技术融入。多年来，云南在文化演艺与科技融合发展领域进行了不少积极的探索，但在演艺方式、展示平台、包装和营销等新技术应用方面还有很大提升空间。

（一）文化内涵与表现形式融合不够

云南的山水实景演出代表节目有《印象·丽江》和《希夷之大理——望

夫云》，同样是实景演出，《印象·丽江》自开演至今一直保持着旺盛的生命力，《希夷之大理——望夫云》却每况愈下，原因之一是创作思路截然不同。《希夷之大理——望夫云》的导演陈凯歌曾表示，为了与张艺谋的"印象"系列区分开来，突出"奇幻神话剧"，其团队的设计原则是"绝对不写民歌、绝对不跳民族舞，不搞民族小歌舞晚会"，导致整个演出文化定位模糊，观众很难看到明显的民俗、民族内容，传说中的宫女们竟然跳起了华尔兹舞，丢掉了地域文化，这实际上就是丢掉了文化演艺的根本，巨大的投资依然无法挽回项目的颓势。

（二）同质化问题突出

由于经济发展水平与文化演艺产业发展不同步，部分地区为了追求利润最大化，在文化演艺项目开发时，仅对已有成功作品进行技术和形式上的简单模仿和复制，这样势必会导致文化演艺节目过度同质化和商业化。如《千古情》项目，虽然获得了不小的成功，但内容和技术过于简单，并没有完全真正体现出复杂深刻的民族文化内涵，难免情节流于俗套。此外，部分地区渐渐摒弃传统的自然演绎方式，开始有计划地推广商业旅游演出，泼水节不再是只属于傣族的传统节日，变成了一种演出形式；打跳不再是一种自发的集会，而成为观众体验当地生活的一个旅游项目。事实上很多文化企业也开始意识到，单纯的商业性追求已使文化演艺的发展遇到了瓶颈，随着消费者眼界不断开阔，对于千篇一律的文化演艺项目逐渐产生审美疲劳，他们开始追求更加真实的民俗形态和更多的文化内涵。因此，只有重塑文化演艺背后的文化内核，才能打破现有瓶颈，使整个文化演艺产业健康可持续发展。

（三）抵御风险能力差

传统的文化演艺受现场环境的限制，对于突发情况的风险抵御能力较差，"门票经济"的弊端十分突出。据不完全统计，受疫情影响，2020年1—3月，全国取消或延期的演出达2万场次，占一季度总场次的80%以上，造成直接票房损失约24亿元，间接损失近百亿元。尽管从行业发展情况来看，无论是企业投资信心，还是消费者消费心理的恢复，都仍需较长一段时间。站在积极的角度看，对于身处瓶颈期的文化演艺产业而言，疫情更像是推动这个传统产业转型升级的加速器，"云剧场""云演艺""云艺术"等新业态应运而生，打开了文化演艺产业发展的新局面。

（四）存在潜在失衡风险

新技术的运用可以把创意转化为产品，也可以催生新的创意。但是，新技术的兴起与应用，对传统文化演艺表演方式和传播方式，甚至文化特征保留度也带来了巨大冲击。在文化演艺产品开发和演艺过程中，如果内容的展现过度追求和依赖现代技术和装备，就难免会淡化或忽略文化演艺项目本身的文化特征和艺术内涵，导致内容和形式的失衡。例如万达集团在武汉打造的"汉秀"，以炫目的声光效果、独特的舞台展现方式在节目一开始紧抓人们眼球，但人们在震撼的同时，不禁反思该节目文化内核的表现可能仅流于表面，忽略了文化根基的支持，目前行业口碑和市场反应均不理想。因此，未来在文化演艺和科技融合发展过程中，要关注文化生态平衡问题，要在保留和突显文化内涵和特色的基础上，合理运用现代科学技术手段。

三、重大技术需求

综合上述分析，下一步文化演艺和科技融合应在注重文化内涵保留、内容创新的基础上，辅以恰当的技术手段进行产品的创新和开发，重点是围绕可应用于文化演艺各环节的新技术、新装备、新材料的研发，以及综合系统的开发，创作出更多满足市场需求的文化演艺产品，更加快速而高效地推进文化演艺产业发展。

（一）综合型数字媒体舞台技术装备研发及应用

以沉浸体验、智能交互、软硬件结合等为导向，促进文化演艺装备技术研发和升级改造，加强标准、内容和技术装备的协同创新。研发具有自主知识产权、引领新型文化消费的可穿戴设备、智能硬件、沉浸式体验平台、应用软件及辅助工具。以智能化、声光影融合的综合型舞台需求为导向，加快新型灯光、音响、机械、视效、特效、智能展示等研发应用，提升文化演艺的数字化、智能化、网络化水平。增加文化演艺装备的跨界技术应用以及国内外演艺装备技术、应用等方面的对比分析内容，关注新技术发展及其在舞台演出实践中的应用，从而引导行业的研发生产。

(二) 大型5D剧场系统的研发及应用

以观众感官多维体验需求为导向，开发适应观众身临其境、虚景如真、真假结合的新型文化演艺产品为目的，重点围绕艺术创作、演艺、灯光、舞台设备、智能软件控制系统的研发和应用，研究和突破5D剧场系统关键共性技术，研制具有自主知识产权的设备控制系统和软件，推动5D剧场的快速发展，培养一批高技术跨界人才，形成具有自主知识产权的技术设备和软件控制系统，推动形成一批具有较高技术附加值的高端文化科技装备企业。

(三) 新型光源研发及应用

以高亮、真彩、色温可调、节能、长寿等要求为导向，重点开发光线边缘清晰、色域广、色温全面覆盖、颜色表现艳丽、外溢温度低、可光纤输出等新一代激光源无害光束特效灯、激光源背景灯和激光源泛光光纤景观特效灯，在文化演艺产业装备层面参与国际竞争，争取在提高光学特性方面取得技术突破，营造良性循环的产业链缩小同发达国家的技术差距，铸造民族精品。

(四) 虚拟现实技术研发及应用

推进VR、AR、全息技术等在文化演艺产品中的应用，结合声、光、电、全息等高科技，创新演艺特效；研究虚拟现实与互动影视融合技术，开发实时表演捕捉、虚拟摄影、可视化预演、立体3D等实时交互虚拟化文艺演艺制作技术与系统，研制全景文化演艺、虚拟现实文化演艺、增强现实电影实验装置，促进虚拟现实与文化演艺科技协同发展。

(五) 互联网技术研发及应用

重点围绕5G、4K、8K+互联网技术，新媒体的技术（互联网云剧场等）开发与应用，推动演艺作品创作与传播、演出形式、运营模式、产业布局等文化演艺领域与互联网产业的融合。加强与爱奇艺、腾讯等互联网巨头企业的战略合作，共同探索创建"文化演艺+互联网"新生态圈。将剧场基础数据和演出档期数字化、演出团体排演节目可视化、观众购票网络化，通过数字院线的方式，有效解决剧场、演出团体和观众三方信息不对称，创新演出院线经营模式与服务模式，贯通演艺产业链。

（六）大数据和人工智能的技术研发及应用

重点围绕大数据整合分析输出和应用，以信息技术、人工智能、虚拟（增强）现实技术等现代化的技术手段，开展综合评价分析、自我完善、用户反馈、AI 定向推流等研发，并逐步广泛应用于舞台、实景、大型文体活动等各种形式的文艺演出中，催生文化新业态，打破观众与演员、生活与艺术的边界。

四、发展思路和路径选择

（一）发展思路

云南是民族文化大省，文化演艺产业要取得快速发展，必须以文化为内核，通过加强与高新技术的融合、推进文化演艺基地建设、打造文化演艺新业态和新模式、推进文化演艺国际化等途径，在演艺内容上不断创作创新产品，在演艺形式上不断强化不同形式的重组与延伸，进一步拓展文化演艺服务，在需求日趋个性化、复杂化的市场环境下，变民族文化资源优势为文化演艺产业的优势。同时，打破单一文化演艺产品的传统观念，推动文化、演艺、科技等要素的叠加组合，通过将一系列场景呈现到消费者面前，着力构建不同场景之间的内在关联，促使封闭的场景流量模式向"场景+"模式转变，推动流量在更加广阔的空间和维度上变现，走出一条通过民族文化演艺促进民族文化价值转移和重构，促进文化大融合、大繁荣、大发展的云南道路。

（二）路径选择

纵览新冠疫情对世界产业的影响，我们不难看出，任何产业的发展、壮大和消失都可能受到多层次、多因素的影响，只有不断深化改革，推进多维度融合才能应对未知风险冲击。文化具有历史性，文化演艺产业具有时代性，更有与时俱进的发展需求。所以，必须根据文化演艺产业发展的内在需求，从云南省的资源特色、区位优势、产业能力等条件出发，选择未来重点发展的方向与领域，在政府、市场、产业、企业和人才等多方面、多层次上取得突破，才能实现云南省文化演艺产业的快速发展。

1. 加强与高新技术的融合

重点是加快推进文化演艺产品的再创新，通过对原有作品进行解构、吸收、融合、再生，创作出思想更精深、艺术更精湛、制作更精良的文化演艺产品；开展综合数字舞台技术、5D 剧场技术、新媒体穿戴技术、虚拟现实技术、增强现实技术、互联网技术、大数据技术研发，并加大成果转化力度，促进各类技术在文化演艺中的综合应用；利用新技术、新装备，加快建设和改造一批功能配套、类型多样的文化演艺设施，开发一批具有较强参与性、一定影响力的文化演艺产品，巩固提升《云南映象》《丽水金沙》等一批知名文化演艺产品，完善提升《云南的响声》《梦幻腾冲》等一批文化演艺新产品，培育杂技、马戏等特色文化新产品，打造一批具有较高艺术水准、深受国内外观众喜爱的文化演艺品牌。

2. 推进文化演艺基地建设

以各类文化产业园区、大理天龙八部影视城等文化演艺基地为依托，重点是促进文化演艺产业相关企业集聚发展，通过招商引资、开展国际贸易与交流合作等多种形式，引进一批在国内外具有较强影响力的文化演艺龙头企业，以及舞台装备制造等周边配套企业，推动文化演艺企业集群发展。支持有条件的文化演艺基地为国内外文化演艺相关企业提供采购、租赁、集成研发、金融投资、进出口代理、商贸资讯、政策研究等全方位"一站式"服务，努力打造文化演艺产业集聚区。

3. 打造文化演艺新业态新产品

重点是围绕史前文化、古滇文化、宗教文化、哀牢文化、移民文化、护国文化、抗战文化、神话文化等多种特色文化资源，加快培育双向深度融合的"版权衍生""沉浸体验"等文化演艺新业态。着力打造一批"云剧场"

"云观景"等新产品。推动文化演艺产品和服务生产、传播、消费的数字化、网络化进程，满足消费者多层次、多样性的文化需求，同时提升文化演艺产业的抵御风险能力。

4. 打造文化演艺新模式

文化旅游演艺作为观光的一种延伸，已经成为文化演艺最主要的内容之一，要不断在模式上寻求新的突破。通过加强主题园区建设，将文化演艺贯穿其中，让消费者充分感受到"文化演艺+主题公园"的文化内涵与园区特色。首先是加强主题公园基础设施建设，为消费者提供吃、住、行、游、娱、购等各个环节都涵盖在内的"一站式"服务。其次是将公园景观与演艺中的文化 IP 充分结合，使主题公园有鲜明的文化特征和个性，让消费者有物可看，有文化可享，通过视觉、听觉、触觉全方位地参与体验。再次是打造文创产品，将经营模式从"门票经济"带入一个更大的空间。最后是稳步推进异地项目，争取更高的市场份额和规模效应，凭借自身市场化优势、竞争力优势，在未来市场格局中进一步占据主动地位。

5. 推进文化演艺国际化

文化演艺是文化国际化的重要组成部分之一。当前，文化演艺的国际化，不再只是传统节目的简单输出，更包含文化产品生产国际化、销售国际化、管理国际化、服务国际化以及文化理念的国际化等。因此，在文化演艺作品创作过程中，要有国际化思维，着力打造更多诸如《吴哥的微笑》《云南映象》等国际化文化演艺产品，塑造云南特色、中国特色的文化品牌，进行文化的跨国经营，不断探索新的文化输出和发展模式，这是新时代文化演艺国际化发展的新要求。通过主动的"国际化"战略，进入国际文化市场，从参与到改变，扩大中华文化的国际影响力，增强文化产业竞争力，塑造中国的文化大国形象，营造我国和平发展的国际环境，进一步提升文化软实力。

五、对策建议

（一）强化政策支持

当前，文化演艺已发展成为传统与现代相交融、艺术与技术相配合、文化与经济互相推动的新兴产业。因此，各级政府部门在制定文化产业发展规划、方案或者细则时，应将文化演艺产业放在更为突出的位置，积极转变政府职能，找准定位，创新管理体制和运行机制，从办文化向管文化转变、由管微观为主向管宏观为主转变、由主要面向直属单位向面向全社会转变，以点带面推进文化体制改革工作，破除传统体制对文化演艺产业发展的束缚；培育和重塑新型文化市场主体，围绕文化演艺和科技融合有针对性地制定相关资金和项目扶持政策，着力促进云南文化演艺产业繁荣发展，实现云南文化产业大繁荣。

（二）培育壮大经营主体

推进文化演艺技术和装备革新，促进文化演艺和科技深度融合，关键靠经营主体"唱主角"。因此，要支持文化演艺企业在技术创新、创意策划、市场营销、品牌打造、衍生品开发等方面开展合作，鼓励有条件的文化演艺企业采取兼并重组、股份合作、资产转让等方式，组建大型企业集团，推动各环节专业化整合，企业做大做强。支持企业自主研发或引进关键核心技术和装备，提高加工水平。鼓励文化演艺企业开发具有自主知识产权的产品，努力形成拥有自主知识产权的核心技术和知名品牌。依法惩处侵犯知识产权的行为，维护旅游演艺经营主体合法权益。

（三）走市场化发展道路

文化演艺产品是商品，要接受市场的检验，为消费者所接受，所以文化演艺需要什么样的技术，现有的技术手段是否可以运用到文化演艺中，市场需求自有定论，文化演艺和科技融合发展必须以市场为导向。《蝴蝶之梦》《丽水金沙》《印象·丽江》等文化演艺产品无不是走过了在市场竞争中不断接受消费者的检验，又不断为消费者所接受，最终成为精品的充满艰辛的探索之路。因此，文化演艺新产品的开发，要做好前期市场调研，在充分尊重文化的同时，把握好文化演艺产品与主流市场需求的关系，遵循市场经济规律，采取市场化的运作模式。如果不考虑主流市场的真实需求，只考虑实现艺术价值，闭门造车，则难以实现文化演艺的产业化发展。

（四）培养综合型人才

文艺演艺和科技融合需要一批既有较高艺术水准，又有统筹管理能力的综合型人才，利用现代化、机制化、规模化的制作方式，创作一批高质量的文化演艺产品。因此，要加大文化演艺人才培养模式的改革力度，强化人才培养政策的顶层设计和学科专业调整，大力推动学科专业交叉，培养综合型人才。要深化产教融合培养模式，以重大项目、重要工程和重点品牌建设为抓手，灵活高效地组建跨区域团队和攻关力量，发挥各自优势，促进人才成长。要充分发挥信息技术对人才培养方式变革的作用，丰富文化创新人才培养手段，提升文化创新创造活力。

（五）深化开放合作

鼓励文化演艺企业与周边国家和地区构建开放合作平台，通过组织开展跨境节庆共办、品牌共建、文化援助等活动，开展技术交流、探索技术合作模式，利用技术、标准、产品、品牌、知识产权、差异化服务等优势，积极参与国际竞争。鼓励文化演艺企业通过标准推广、版权交易、联合制作、品牌与管理技术服务等方式，加强与周边国家和地区的交流与合作。鼓励有实力的企业通过项目合作、并购、联合经营、设立分支机构等方式开拓海内外市场，讲好云南故事，推动打造一批反映当代中国、面向国际市场的优秀文化演艺产品及服务。

云南数字文化产品及服务发展研究报告

数字文化产业是以文化创意为内容，依托数字技术进行创作、生产、传播和服务的产业，具体包括游戏、动漫、电竞、直播、数字音乐、数字设计等业态。数字文化产业具有技术更新快、生产数字化、传播网络化、消费个性化等特点，它代表着文化产业的未来发展趋向。发展数字文化产业对于满足人民日益增长的多元化数字文化消费需求具有重要意义，已成为我国数字经济战略的重要组成部分。近年来，我国在发展数字文化产业上频频发力，在业态创新、服务创新、制度创新、动能创新等方面做出了许多积极探索，有效地促进了我国数字文化产业的良性发展和长足进步。据《中国互联网发展报告2022》显示，2022年，全国数字文化产业规模达到1.8万亿元，占GDP的2.1%，占文化产业的51.4%，成为文化产业的主导力量。

一、云南现状

云南省委、省政府一直十分重视数字文化产业发展，早在2019年就出台了多个政策文件引导产业发展。如，《云南省数字经济发展规划（2019—2023年）》就提出，要以资源数字化、数字产业化、产业数字化以及面向南亚东南亚辐射中心数字枢纽为统领，促进旅游文化等八大重点产业和绿色能源、绿色食品、健康生活目的地世界一流"三张牌"加快融合，催生新动能，释放新活力。

（一）云南数字经济发展情况

2022 年，全省数字经济核心产业实现营业收入 3110 亿元，同比增长 52.6%。数字经济领域规模以上企业 699 户，比 2021 年增加 48 户，主营业务收入达到百亿元以上企业 9 户、50 亿元以上企业 7 户、10 亿元以上企业 29 户、亿元以上企业 135 户。随着一批政策的实施和项目落地，智慧旅游加快发展，数字商贸不断拓展，智慧物流持续推进，"一部手机"系列品牌正成为云南省数字经济的拳头产品，国家禁毒大数据云南中心、中国林业大数据中心等一批国家级数据中心落户云南，国内一流企业相继入驻，华为西南云计算中心、浪潮云计算中心等一批重大项目建成投入运营，130 家景区实现刷脸或扫码快速入园，135 家景区完成智慧化升级改造并验收达标，"云上营家"智慧供应链平台等智慧物流平台建成运营，磨憨智慧口岸试点、京东集团昆明"亚洲一号"现代综合物流产业园、中通快递西南昆明智能科技电商产业园等物流新基建项目加快实施，各种创新应用正融入人们生活的方方面面。云南有望打造成为西南地区领先的特色数字经济体、面向南亚东南亚的数字产业高地、全国知名的数字经济融合创新区。整体来看，云南省数字经济发展水平处于全国第三梯队。

（二）云南数字文化产业发展情况

近年来，云南积极引进文化科技企业，支持数字动漫、网络游戏、数字影视、互联网教育、数字音乐等产品开发，推进少数民族语言文字网站建设及少数民族语言文化产品开发，逐步形成兼顾云南及南亚东南亚文化特色的数字内容产业集群，文化相关领域数字化水平大幅提升。2022 年上半年，全省规模以上文化及相关产业企业实现营业收入 249.6 亿元。文化新业态特征较为明显的 16 个行业小类，9 个小类共 37 家文化企业，实现营业收入 20.5 亿元，比上年同期增长 3.1%，快于全部规模以上文化及相关产业企业 16.3 个百分点。其中，互联网搜索服务、数字出版、互联网广告服务和其他文化数字内容服务增长势头强劲，分别增长 97.2%、82.8%、20.7% 和 18.1%。

同时，云南还积极打造数字文创产业园区，以产业园区为载体，引导数字文创企业集聚，打造数字经济新亮点。制定出台《云南省文化产业园区、文化产业示范基地认定管理办法（试行）》，明确园区和示范基地认定标准、认定程序、考核监督及激励扶持等政策，引导各园区和示范基地结合自身发展现状，集聚符合自身定位的文化企业，形成文化产品类别丰富、特色鲜明、主导产业强，对周边地区经济社会发展起到促进作用的特定空间区域。经过多年发展，这些园区和示范基地在文化产业集聚、公共服务平台建设、数字文化企业孵化和招商引资方面具有积极的示范带动作用。按照主导产业类型划分，涵盖了出版印刷、文化创意和设计服务、民族民间工艺品、珠宝玉石 4 类。以同景 108 文创园、昆明金鼎文化创意产业园、M60 文创园及紫云青鸟云南文化创意博览园等为代表的一批产业园区，集群发展成效明显，已形成区域联动、合理分工、各具特色、有序竞争的发展格局。

二、存在的主要问题

数字创意产业作为未来赢得竞争新优势的关键领域，尽管近年来一直处于高速发展阶段，但发展瓶颈也逐步显现，面临的问题不容忽视。

（一）数字技术促进产业发展后劲不足

当前，云南文化产业的优势行业主要是广电、出版等行业，数字技术与文化产业融合有所推进但进展不明显，比如出版等行业虽然早有数字化布局，但在实现数字化转化的过程中，也存在优质内容不足、文化内容单薄、缺乏原创、同质化明显等问题。文化产品方面，云南缺乏像《国家宝藏》《国宝大会》等能够全面体现传统文化的高端数字文化项目，也鲜有如《甄嬛传》等传播度高的文化 IP 转化精品。大型龙头企业方面，云南既没有像杭州阿里巴巴、广州网易、深圳腾讯等具有全国影响力和行业竞争力的"航母型"技术领军企业，也缺少像哔哩哔哩、爱奇艺等新型"互联网+文化"新兴企业。此外，数字技术在促进传统文化资源的数字化转化中也没能发挥应有的作用，资源优势没有很好地转化为经济优势。如云南省博物馆虽然通过运用数字技术等技术手段，多元、全方位地展示了滇文化，但没有如故宫博物院一样通过将传统文化与数字技术、现代精神、审美意味、平台载体等结合起来，衍生一系列创意十足的数字化文创产品和服务，从而获得更多市场收益，走出一条具有自我特色的文化和科技融合之路。

（二）数字技术催生产业新业态能力不强

对于文化和科技的融合发展，云南虽然走在前列，但总的来看，仍然停留在"浅层融合"阶段，缺乏"你中有我、我中有你"的深度融合，文化产业与数字技术、互联网技术等新技术的融合尚未释放出应有的能量。且随着数字文化产业新业态的迅速发展，直播、短视频等应用迅速崛起，云南尚未建立起数字技术产业集群，受市场环境等因素影响，对文化科技企业的吸引力不强，企业落户和技术落地难，难以为产业发展提供原创性和基础性的技术成果支持。与此同时，由于对新型文化商业模式的探索滞后，数字技术、信息技术对云南文化产业内容创作、产品研发和模式创新的支撑作用较弱，主要侧重点在对传统文化产业的数字化转型方面，网络文学、沉浸式文化、电子竞技等新业态衍生能力不强。

（三）数字技术与产业融合平台相对缺乏

数字时代的文化产业发展，需要借助平台来产生互动与聚合效应。对于云南而言，与数字技术结合最为紧密的产业主体基本为中小型文化企业，受资金和技术的限制，文化创意领域的关键共性技术研发平台、数字化技术创新服务平台、公共科技服务平台、知识产权开发运营平台等基础设施较少，这就使得云南的文化资源未能得到全方位数字化转化，也无法将现有的文化产品通过数字技术进行更大范围流通与传播。此外，与北京、上海等技术更新迭代快、产业形势日新月异的发展态势相比，云南对数字技术等新技术的反应较慢，数字文化产业聚集度不高，缺乏众筹、众创、众扶等创新驱动平台，阻碍了数字技术与文化资源的深度融合。

三、重大技术需求

（一）前沿数字技术

前沿数字技术主要包括人工智能、大数据处理、多源异构数据融合等，类脑认知、量子信息、区块链等，量子通信、量子计算、量子精密测量技术，自然语言和语音处理技术，自主无人系统、网络安全等技术。

(二) 关键共性数字技术

一是关键共性技术。重点是"人工智能+虚拟现实"技术，包括虚拟对象智能化、交互方式智能化、虚拟现实内容研发与生产智能化核心技术；3D 引擎技术，包括场景管理、对象系统、序列化、数据与外部工具的交互、底层三维数据的组织和表示；智能嵌入软件，包括支持日趋增长的功能密度、灵活的网络连接、轻便的移动应用和多媒体的信息处理等。

二是大数据分析处理。重点是多源异构数据融合、分布式数据处理、流式分析、图计算、虚拟化、集群资源管理和面向重点行业应用的数字建模技术。

三是计算机视觉。重点是视频图像理解、视觉信息融合、视觉并行计算等计算机视觉核心算法，提升计算机视觉自动化水平、计算效率、模型精度和算法适应性。视觉检测和监控设备、导航设备、物品抓取分拣系统等智能产品研发。

四是语音识别。重点是自然语言处理、深度语义分析、复杂环境下的语音识别交互等核心技术，多媒体信息理解的人机对话系统、基于知识管理的协同翻译平台、海量文献翻译平台等智能应用系统。

五是认知智能。重点是面向认知计算的深度学习共性技术，以及面向行业异构数据的知识自动构建与推理等关键共性技术，推进人机交互、智慧教育等领域的认知智能应用研发及产业化。

(三) 创新平台

一是基础前沿技术平台。重点是实验基础设施建设，构建国内一流的科研实验环境。建设大数据、云计算、区块链、边缘计算和量子技术等领域的基础研究平台。

二是开源共性技术平台。重点是大数据、云计算、边缘计算、语音识别、自然语言处理、计算机视觉、网络信息安全、自主决策控制等领域的开源开发平台。

三是产业基础支撑平台。重点是行业数据资源共享平台，包括海量数据训练资源库、标准测试数据集、工具库和算法库，支撑人工智能训练、大数据分析挖掘和行业智能应用开发；针对技术和产品的公共测试平台，提供云计算服务能力评估、大数据系统测评、可信云服务认证评估、网络安全等级保护测评等服务。

四、发展思路和路径选择

（一）发展思路

坚持以习近平新时代中国特色社会主义思想为指导，深入学习贯彻党的二十大精神，以及习近平总书记考察云南重要讲话精神，贯彻落实好文化和旅游部《关于推动数字文化产业高质量发展的意见》和云南省委、省政府决策部署，以供给侧结构性改革为主线，以融合发展为引领，完善顶层设计，加强原创能力建设，注重大数据、新一代信息技术、5G 等颠覆性技术应用，推进文化创意创新和数字内容创新，促进产业融合发展，培育新型文化业态，促进数字文化产业持续健康发展，为云南高质量跨越式发展提供有力支撑。

（二）实现路径

一是发展数字文化重点领域。充分发挥国家级文化产业示范园区、国家文化与科技融合示范基地等平台的作用，推动形成数字文化产业优势产业集群。持续加强数字技术与文化旅游产业的结合，进一步完善文化旅游市场管理信息平台，推动智慧旅游发展，为旅游企业、旅游从业人员、游客等提供"一站式"解决方案；依托昆明全国旅游标准化示范城市建设等，加快 5A 级景区、国家级旅游度假区、国家级研学旅游基地的数字化升级改造；鼓励国内外数字旅游龙头企业来云南发展，推动本地骨干旅游企业数字化转型，培育具有核心竞争力的大型数字旅游企业。引导游戏电竞产业健康发展，鼓励游戏企业开发更多具有民族文化特色，具有教育、益智功能的游戏产品。鼓励和支持数字音乐、社交媒体、网络视频、直播等产业发展。鼓励在线视频产业进一步加强优质内容生产，推动数字内容精品化发展，培育一批优质数字内容原创作品和精品 IP。

二是强化技术供给。重点加强数字领域基础研究。鼓励产学研合作，在重点领域和关键环节取得突破，形成一批具有自主知识产权的创新技术。加强文化科技融合发展，深化"互联网+"，推动互联网、人工智能、大数据、超高清等数字技术在文化产业领域应用，促进数字互联网、数字呈现、数字音乐、VR/AR 等新型文化业态发展。

三是加强数字内容供给。顺应数字时代群众消费习惯，提升消费体验，增加数字文化产品的有效供给，引领时尚消费潮流。丰富动漫、游戏、视听节目的内容制作，鼓励提供更多的群众喜闻乐见的内容生产。鼓励博物馆、图书馆、美术馆和文化馆等文化场馆等与文化科技公司合作对接，依托馆藏文化资源开发数字文化产品，促进优质文化资源数字化开发。加速以网络游戏为代表的数字内容产品和服务供给，促进优秀文化资源的数字化，引导产业集聚发展。鼓励网络文学、网络视频和网络音乐等数字内容的创作。

四是丰富创作方式。数字内容在创新发展过程中分类形成了专业生产内容（PGC）、用户生成内容（UGC）和 AI 生成内容（AIGC）等创作方式。其中，应用较为广泛的是 PGC，发展最快的是 UGC。未来，面对指数级增长的文字、图像、声音、视频等海量的内容数据，要强化具有更强处理能力的新一代 AIGC 技术发展，促进其成为主流内容生产方式。同时，支持 PGC、UGC 和 AIGC 的融合应用；支持 AI 和计算机图形学结合，进行虚拟场景和角色生成。

五是加强技术装备研发。大力发展数字文化装备和数字展示产业，推动智能硬件、沉浸式体验装备等发展。鼓励演艺设备领域有关企业向数字内容产业延伸，向灯光演艺、声光电一体化等转型升级。鼓励和支持企业推出 8K 超高清产品，鼓励和支持电视制播平台制作更多 4K、8K 视频节目。

六是拓展消费需求。扩大和引导数字文化消费需求，鼓励企业开展数字文化产品消费渠道创新，规范引导数字付费模式，让数字文化产品服务以更便捷的方式抵达用户。推动数字文化在公共交通、电子商务、社交网络等平台上的应用，鼓励企业开拓社交电商、夜间经济、混合现实娱乐、智能家庭娱乐等消费新领域。加快昆明国际消费中心城市培育建设，积极创新试点数字文化消费。

五、对策建议

（一）制定科学合理的发展规划和政策体系

做好数字文化产业发展顶层设计，统筹推进数字文化产业发展，制定《云南省数字文化产业发展规划》，加强对数字文化产业发展重大事项的规划指导、统筹协调。建立由省工业和信息化厅、省科技厅、省财政厅、省文化和旅游厅等部门共同组成的全省数字文化产业发展协调机制，推进具体事项的监督执行，督促各有关部门、州（市）推进数字文化产业发展规划的实施。

强化全省数字文化产业政策保障，完善文化产业"云、网、端"基础设施，促进产业互联互通。支持昆明、丽江等开展数字文化产业创新发展试点，探索数字文化产业审批、财税政策、投融资政策等改革。积极发挥财政资金的杠杆作用，用好各级文化产业发展专项资金等各类财政资金。鼓励采用政府与社会资本合作等模式，带动社会资本投入数字文化产业。鼓励数字文化产业领域金融创新。

（二）完善数字文化产业版权保护机制

完善数字版权登记体系，充分利用大数据技术优势，使用好"云南版权网"等版权登记平台，以实现对"海量"数字作品的流程化、规范化管理。建立健全数字版权认证体系，制定和统一数字版权认定标准，完善网络法定许可制度和著作权补偿金制度，强化使用者向著作权人支付报酬的责任。加强数字版权执法，优化数字版权执法机制，配备充足的执法力量，实施线上线下监控相结合的执法监督。建立数字版权"大保护"机制，完善数字版权纠纷多元化解机制，构建数字版权侵权分级制度和大数据监管平台，支持和鼓励联合维权，深化数字版权保护的区域协作和国际协作。

（三）推动数字文化技术创新平台建设

搭建数字文化产业公共技术服务平台，为数字技术原创产品研发、创新技术应用提供便捷、有效、低成本的公共技术服务。加快昆明、丽江国家级文化和科技融合示范基地等国家级基地建设进程，完善文化产业技术研发体系，重点突破 3D 动漫引擎、虚拟现实互联网视频、智能嵌入支撑软件等关键共性技术，实施一批互联网视频、文化智能制造、虚拟现实、数字创意等支撑新兴业态快速发展的重大工程。发挥文化企业的主导作用，重点扶持创新能力强、辐射范围广的大型企业或产业园区建立关键共性技术研发中心和服务中心，促进数字技术的广泛运用和创新成果共享。加快建设跨部门、跨区域、跨行业的文化资源大数据平台，开展文化资源分类与标识、数字化采集与管理、多媒体内容知识化加工处理，推进数据资源互联互通，支持优秀传统文化资源的创造性转化和创新性发展。

（四）加快数字文化产业人才培引

加大数字文化人才培养力度，完善数字创意人才培养机制，将数字创意人才纳入各类高层次、高技术人才培养计划，实施一批数字创意学院建设示范项目，注重艺术、文化、科技、商业等综合能力锻炼，培养一批兼具懂文化创意、技术实现和经营管理的高素质数字文化产业人才。在强化数字文化产业人才本土化教育培养的同时，注重国际人才双向交流，构建面向数字文化内容和数字技术装备的创新设计人才体系。建立原创作品培育原创人才机制，构建原创作品的保护和激励政策体系，在数字内容作品创作初期，以市场化方式给予创作人员一定的鼓励，加强知识产权保护，以提高作品创造的积极性。

（五）打造具有国际影响力的数字文化之都

鼓励大理、丽江、西双版纳、德宏、红河等数字文化资源丰富的州（市），开展综合性数字文化产业集聚区建设，推动数字创意与实体经济融合，打造具有国际影响力的数字文化之都。加强数字文化产业发展的区域交流合作，发挥文化会展平台作用，重点办好中国—南亚博览会、云南文化产业博览会等会展活动，鼓励和支持云南企业面向"一带一路"国家开展数字文化产业投资、市场开拓；加强粤港澳、长三角数字文化产业合作，重点推进影视、动漫、创意设计、演艺、音乐等领域交流合作。拓展数字文化在电子商务、医疗卫生、教育服务、旅游休闲等领域的应用，加快体育竞赛、表演产业的转型升级和融合发展，打造一批高质量、国际化、现代化的旅游目的地。

（六）优化数字文化产业发展环境

推动数字文化产业领域"放管服"改革。进一步放宽数字文化产业准入条件，简化审批程序，积极探索和创新数字文化产业监管方式。鼓励和支持企业申报国家知识产权优势、示范企业和全国版权示范单位、园区（基地）。加强数字文化产业服务和监管体系建设，完善数字内容质量监管和评价机制，探讨设立不良信息内容传播风险评估机构；建立健全数字内容以及原创设计的版权和知识产权保护法规，推进面向智能设计、智能生成内容的立法建设，加大数字文化领域盗版侵权行为打击力度，保障数字文化产业的健康有序发展；探索设立开源服务平台，建立数字创意产业评价指标体系，构建以企业为主体、市场为导向、"产学研用"协同的创新机制。

云南文化教育和科技深度融合研究报告

党的二十大报告对办好人民满意的教育作出重要部署，强调要"推进教育数字化"。习近平总书记指出"教育数字化是我国开辟教育发展新赛道和塑造教育发展新优势的重要突破口"，深刻揭示了文化教育和科技深度融合的关键作用。从历史发展的进程中我们也不难发现，每一次重大科技变革都引发了巨大的教育变革。18 世纪蒸汽技术的发明，引发了学校课程设置的巨大变化，科学学科正式进入学校课堂；19 世纪电气时代的到来，使教育在大众中得到普及。当今时代，大数据、云计算、物联网等新一代信息技术正深刻改变着人们的生活、生产方式，也给文化教育带来了新的发展契机。这些技术作为现代文化教育的重要辅助手段，在文化教育的各个阶段和诸多领域广泛应用，尤其是新冠疫情期间，各地教育部门采取停课不停学的措施，促使线上网络教学迅猛发展，进一步加速了文化教育和科技的深度融合。

一、云南文化教育和科技深度融合现状

（一）规划引领，构建全省"一盘棋"的工作格局

云南省委、省政府历来高度重视文化教育和科技融合有关工作，早在2010 年就在《云南省中长期教育改革和发展规划纲要（2010—2020 年）》中提出，要加快教育信息化进程，提升和整合各类教育信息化学习资源，完善信息基础设施和服务体系，打造满足个性化学习需求的现代教育信息服务平

台。此后，又先后印发《云南教育现代化 2035》《加快推进云南教育现代化实施方案》《云南省"十四五"教育事业发展规划》《云南省教育高质量发展三年行动计划（2023—2025 年）》等，从不同角度提出，要围绕"数字云南"建设，发展智慧教育，构建新型育人方式，创新教育服务新业态，推动教育组织形式和管理模式变革。值得一提的是，2021 年印发的《云南省智慧教育三年行动计划（2021—2023 年）》，提出要以"一示范、两意识、三模式"建设为总体思路，即教育资源供给模式、课堂教学模式、教育治理模式，智慧教育应用意识、智慧教育信息安全意识，以及智能信息技术与教育深度融合智慧教育改革创新示范区、省级示范性智能教育平台、智慧数字校园示范校、智能教育应用与创新典型等系列智慧教育应用示范，发展智慧教育，全面服务于区域和学校管理者、教师、学生和家长，推进区域间、城乡间以及校际教学与管理水平差距逐渐缩小，提高各级各类学校的育人质量。除从多个层面制定出台规划外，云南省教育厅还逐年发布《云南省基础教育信息化发展报告》，多维度评价 16 个州（市）、129 个县（市、区）教育信息化发展情况，采取以评促建的方式，加快教育信息化与现代教育治理融合发展。

（二）按照"云网端"建设思路，持续推进智慧教育基础设施建设

采取集约化建设方式，整合资金 4.62 亿元，统筹推进"云网端"建设。依托教育专网，以省级统筹建设、县级和中小学统一使用为目标，按照统一身份认证和数据共享的原则，建成为各级教育行政部门和中小学校服务的省级云服务体系"一朵云"。按照"万兆主干、千兆进校、百兆到班"的标准，完成全省 129 个县（市、区）义务教育学校（含教学点）的网络建设，高速光纤网络覆盖所有教学班，有效解决了边远贫困地区 3000 余所学校、教学点不通网络的问题。通过实施义务教育学校薄弱环节改善与能力提升工程，实现义务教育阶段学校 90% 以上教学班多媒体设备覆盖，网络平均使用率达 64.15%，同比提高 10%。有序推进数字教育资源公共服务体系成功融入国家体系，提供 104 万个到书到课资源和 1200 万余个晒课资源。建成 98 个"云南教育云"应用，日活用户数近 5 万人，月累计访问量超过 143 万人次。

此外，完成云南省教育资源公共服务平台分级构建工作，建成国家教育数字资源体系的云南枢纽。全省 16 个州（市）、129 个县（市、区）和

11 435 所学校部署了分级平台。初步构建了教育资源库，包含各类教学资源 122 万余个，共享"一师一优课"晒课资源 130 万余节，服务迪庆教育藏语、蒙语双语同步教学资源超过 200GB，引入芳草正版学前幼儿课程化游戏包超过 70GB，开设了 3D 打印、机器人、VR 现实知识堂和设计数模库，提供种植养殖、农业经济、农业科普和病虫防治资源数百小时，接入常乐、协同、天喻、沛耕数学、敏特英语等平台应用和资源，汇聚中央教育科学研究所教育大数据 400 余家出版社数字教辅资源，基本形成多元供给、保障普惠、良性竞争的资源供给机制。

(三) 做好通用应用建设，积极推进智慧教育特色应用建设工作

以"1+N"视频互动课堂为抓手，着力解决农村学校英语、体育、艺术等教师结构性缺编问题，开足开齐各类课程，促进优质教育资源共建共享和师生共同成长。扎实推进教育信息化应用实践试点工作，"AI 及数据驱动的'智师课堂'英语学科创新应用"成功入选教育部教育信息化教学应用实践共同体项目。昆明市西山区、临沧市沧源佤族自治县入选教育部"基于教学改革、融合信息技术的新型教与学模式"实验区建设名单。此外，还建成了控辍保学动态管理系统、高三统测云阅卷平台等 56 个特色应用服务体系。通过应用控辍保学动态管理系统，解决了控辍保学工作中"数据核查不够精准、全面核查难度大、整改情况难度大"三大难题，全面服务于全省各级教育管理部门和全省义务教育阶段学校。通过应用高三统测云阅卷平台，在全国范围率先开展全省性高三统测云阅卷工作，实现全省范围内的大规模在线阅卷工作。建成面向义务教育阶段所有学校教学班级的质量监测体系，通过人工智能、视频等技术实现对教师课堂教学情况的及时跟踪和质量分析反馈，为教师提供课堂教学助手与课堂质量分析报告。

(四) 统筹协调多方资源，因地制宜开展教育数字化发展

近三年来，省教育厅先后与腾讯公司、华为技术有限公司签署战略合作协议，重点在教育应用平台建设、优质教育资源引入和教学模式创新等领域开展深入全面的合作，积极打造智慧教育创新空间，孵化培育教育创新企业，构建完善的教育生态链。2015—2021 年，省教育厅统筹"全面改薄"和"能

力提升"教育数字化项目，对全省 25 个边境县地区中小学统筹投入数字校园建设资金 43 750.12 万元，为边境地区中小学共计配备多媒体交互式教学设备 12 767 套，计算机网络教室 543 间，教学用计算机 15 466 台。其中为盈江县中小学建设了 1017 间多媒体教室，配备了 1191 台教学计算机和 21 间计算机网络教室，共计投入资金 2395.94 万元，投入资金占德宏州总投入资金的 38.6%，高于德宏州内其他县区（德宏州总计投入 6200.55 万元，陇川县占 6.4%、芒市占 18.9%、瑞丽市占 24%、梁河县占 11.3%、州直属占 0.45%）。按照 2024 年 4 月开展的全省中小学数字校园建设底数摸底统计情况，盈江县共计上报的 98 所中小学校中，多媒体教学设备班级覆盖率已达 100%，8 年以上老旧多媒体 1031 套，亟待更新替换老旧设备。数字教室音视频采集设备缺口数 1151 套，信息科学课计算机教室 91 间，学生公用计算机 3598 台，生机比例约为 13∶1，学校光纤校园网建设比例不高。

除了省级部门不断加大政策、资金支持，各州（市）也在结合自身实际，积极开展相关工作。如 2020 年，昆明市五华区启动人工智能因材施教示范区项目，在全区部署智慧教育系统服务，深化教育综合改革，推动区域教育高质量发展，以信息化手段推动课堂教与学结构的变革，培养了一批在教育信息化领域具备优秀能力、能够发挥带头作用的教师，取得中央电化教育馆"人工智能+教育"创新应用实践课题立项开题、云南省教育科学发展规划课题成功申报、入选教育部第二批人工智能助推教师队伍建设试点等成果。

临沧市沧源佤族自治县（简称沧源县）构建多元化投入格局，推动教育信息化。沧源县采用"项目拿一点、政府投一点、学校出一点、社会捐一点"的方式，构建起多元化的教育信息化建设投入格局。通过实施"农远工程"、"薄改项目"、教学点数字教育资源全覆盖和中央电教馆定点帮扶等项目，积极争取中央、省、州三级财政资金，推进教育信息化工作。此外，沧源县还借助帮扶资源，实现了全县中学和中心小学全景直播教室及软件系统全覆盖；建成了全省首个教育手机云，专递同步课堂教学覆盖全部校点。此外，沧源县从自身实际出发，制定了推进教育信息化实施方案，实施了以"三通两平台"为主的教育信息化建设工程，在全县探索出了一条以教育信息化的普及普惠应用促进地区教育整体水平提升的发展路径。目前，全县所有学校开通专网并投入使用，每百名学生计算机达标率达 100%，全县义务教育学校多媒体教室 100% 覆盖,学校网络连接实现 100% 覆盖。沧源县依托国家教育资源公共服务平台,开辟了学校空间网站,全县建有学校空间平台 23 个,教师空间 1800 余个。通过"国家教育云+教育手机云"平台,形成云端一体教育环境,以"一校带多校"开展专递同步课堂,已开设直播课 758 节,直播内容覆盖义务教育阶段全年级全学段全学科的教学课堂,有效缓解了全县各个教学点师资不足的问题,使全县 76 所村小和教学点里占全县小学生 47% 的孩子,享受到了同乡镇中心学校、县城学校一样的师资力量。

玉溪市把"互联网+教育"作为推动教育改革发展的新引擎,采取"全覆盖、广应用、促均衡"的方式,全面实施"数字校园"建设,推进教育信息化建设和应用,促进教育均衡发展。玉溪市委、市政府将教育信息化纳入全市信息化发展整体战略布局,印发出台了《关于加快教育信息化建设的实施意见》,明确建设教育城域网、教育教学云平台和数字校园三大重点任务。市级财政将每年安排 500 万元,依托华为云计算中心建设玉溪教育云平台,探索现代信息技术与教育的深度融合方式,在教学理念、教学技术、教学方式、学习方式和教育管理方式等方面进行优化改革,同时,不断拓展"互联网+教育"应用效益,促进各类教育齐头并进、城乡教育共同发展。玉溪市还实施了"数字校园""全面改薄"工程建设,全市 680 所学校全面建成数字化校园。目前,全市完成了义务教育阶段 600 余所学校义务教育专网建设工作,实现"百兆到班、千兆到校、十万兆到玉溪教育云"的高速玉溪教育专网,有效解决了边远贫困地区学校、教学点不通网络的问题。"教师助手"一站式教育工具和玉溪教育云公共资源服务平台通过教育专网这条"高速公路"实时沟通,汇集了众多教育类实用工具,切实解决了教师备课、上课、布置作业、辅导、试卷讲评五大教育核心问题。

迪庆州推进以"三通两平台"建设为主的教育信息化工程,基础设施得到全面加强。迪庆州依托中国电信实施教育信息化项目,该项目采用"云—网—端"模式和全光网方式将网络资源投放到迪庆州 86 所中小学教学班级中,并引入优质教学资源。此外,还同步实施了教育云平台、校校通网络建设、智慧云多媒体教室、视频会议系统、站群系统、智能控制中心等 23 个子项目。中国电信在实现"三通两平台"基础网络之上,采用"互联网+教育"FTTH 全光网的组网方式,为迪庆州各中小学提供了快捷、方便的教育教学信息。同时，为保障迪庆州教育信息化项目建设需求，还建设了教育信息化城域全光网络，实现迪庆州所有中小学所有在用教室的光纤 FTTH 网络 20M 全覆盖，并提供了"课联网应用—录播教室"系统，有效满足了远程同步教学、异步互动教学、远程监控管理、考试培训、模拟实验等需求实现全州所有中小学在用教室的光纤 FTTH 网络 20M 全覆盖，具备 10M 到 1000M 扩容能力。共建 632 套智慧云教室设备；智能控制中心 3 套（州一套，维西、德钦各一套）；远程课程直播厅全州一套，录播教室每县一套，建设完成了州级和两县一市 632 个智慧云教室、10 套云计算机教室、24 套高清视频会议系统等基础设施。小学多媒体电子白板整体配备率从原有的 36.2% 提升到 100%；实现宽带网络校校通班班通 100% 覆盖，优质资源班班通 100% 覆盖，学习空间人人通 100% 覆盖；将中学部分藏文中学初中部所缺的 36 套多媒体设备补齐；增加 10 间计算机教室，总计配备 600 台学生机；完成本地化教育基础数据管理平台和教育资源服务平台建设。

二、存在的主要问题

（一）思想认识有差距

教育部门工作人员对日新月异的新技术学习不足；对将现代信息技术与文化教育相结合的重要性认识不足，没有从思想上接受和认同采用技术手段来传播或传授相关课程，没有主动积极推进新技术、新手段在文化教育工作方面的运用。

（二）技术支撑不足

数字教育资源开发与服务能力不足，信息化教学创新能力不足，一线教师应用能力不足，个别教育部门督促指导不到位，已经配备的设备没有充分发挥作用。信息技术与学科教学深度融合不够，或者融合的方式过于表层化，只是作为激发学生兴趣的手段，而没有真正成为完成教学任务的核心支撑，没有实现信息技术与学习内容的"深度融合"。

(三) 尚未形成合力

由于在项目建设过程中，缺失省级统一的信息化标准和规范，导致数据"孤岛"、应用"烟囱"和设备不互联互通的现象普遍存在，造成重复投资、重复建设等资源浪费的情况。有关部门统筹协调作用发挥不够，地方和学校纵向落实不到位，横向缺乏沟通联系，导致多方采集数据，造成数据冲突；信息共享机制不健全，数据流动不畅。数据尚未成为教育决策和高质量教学的重要支撑，教育数据化向教育数字化转型任务依然十分艰巨。

三、重大技术需求

(一) 虚拟和增强现实技术

利用虚拟和增强现实技术为学生提供更加真实、生动的学习体验，帮助学生更好地理解和掌握知识。例如，通过虚拟现实技术，学生可以在虚拟实验室中体验真实的场景和情感，进行各种实验，提高实验技能和实践能力；通过增强现实技术则可以让学生通过手机和平板电脑等设备，观察三维图像和视频来加深对知识的理解，增加学习乐趣。

(二) 人工智能技术

利用人工智能技术为学生提供个性化的学习体验，帮助学生更好地发掘自己的潜力和兴趣。例如，通过人工智能技术，学生可以根据自己的学习进度和理解能力，定制课程和教学材料，获得更加精准的学习资源和建议。重点关注9种应用场景，即课程改革、微格教学、智能辅导、自适应学习、沉浸式学习、自动测评、课堂评价、数据决策和智能治理等。

(三) 大数据技术

利用大数据技术帮助学生更好地了解自己的学习情况和需求，同时帮助教师更好地掌握学生的学习情况和教学效果，从而优化教学方案和提高教学质量。

（四）云计算技术

利用云计算技术为学生和教师提供更加高效、灵活和可靠的服务。例如，通过云计算技术，学生可以在任何时间、任何地点进行学习，同时可以获得更加全面和准确的学习资源和信息。

（五）移动学习技术

利用移动学习技术让学生随时随地进行学习，提高学习的灵活性和便捷性。例如，以电子课件形式呈现的技术，包含 PPT、视频、动画、音频在内的多媒体技术，其主要功能在于直观展示，让学生有丰富的视听感受；以电子白板、平板电脑为代表的互动式技术，能够激发学生的兴趣。

四、发展思路和路径选择

（一）发展思路

深入贯彻落实习近平总书记关于"推进教育数字化，赋能学习型社会建设，加强终身教育保障"的总体要求，重点关注数字技术、人工智能技术对教育的革新作用，用好相关工具，构建覆盖全学科全链条课程资源的"空中课堂"；打造智能化、数据化、浸润式、虚拟化的融合课堂；利用优质数字资源和网络构建不同形态、灵活、高效的学习共同体，实现自主学习、探究学习、协作学习等多种形式的智能化学习，以智能技术赋能课程建设、教学改革及教科研转型，推进教育综合改革和教育数字化转型，培养全面发展的时代新人。

（二）实现路径

现代科技为传统文化教育提供了新的手段与方式，也提供了巨大的平台和无限的空间，如何通过教育方式、方法的不断创新从而开辟新的教育实施路径，是探索文化教育与科技深度融合的一个方向。

1. 积极发展在线教育

在线教育的创新及应用，为传统教育注入了新的活力和机遇。对学生来说，利用在线教育提供的视频直播、录播课程、在线作业等方式，可得到更加灵活的学习方式和更多元化的学习资源。对教师来说，可利用在线教育平台进行教学内容的录制和分享，扩大教学的影响范围。对教育机构来说，可拓展覆盖面，吸引更多的学生，并提供更加便捷的课程服务。

2. 积极发展互动教学

利用各种交互设备和软件，让学生更加积极主动地参与到教学中来。如，利用电子白板实施绘图和写字，将教材呈现得更加直观和生动；利用互动投影让学生参与到教学游戏、小组讨论等活动中，营造更加生动有趣、利于学生知识获取和能力培养的课堂环境。

3. 加快建设智慧教室

利用智能教学台、智能黑板、无线投屏等设备，对教学内容、学生提问等进行更及时、更直观的展示，也使学生能够利用平板电脑等设备参与到课堂教学的各个环节，提高教学效率和质量，加强师生互动。

4. 探索人工智能辅助教育

利用人工智能，根据学生的学习习惯和成绩等，提供个性化的学习方案、教学资源，对学生学习过程进行实时监控和反馈，帮助教师更好地了解学生的学习情况，调整教学方案，实现更有针对性的教学。同时，通过语音识别、机器学习等技术，与学生进行交互，开展实时辅导。

五、对策建议

（一）提高思想认识，加强组织领导

教育管理部门要发挥好主体作用，建立健全工作保障机制，明确职责分工，将教育和科技融合工作纳入教育事业发展规划，牵头落实好教育和科技融合相关工作，做好评估监测和示范推广应用工作；利用云计算、大数据、人工智能等新技术，按照服务教师教学、服务学生学习、服务学校

管理的要求，建立覆盖义务教育各年级各学科的数字教育资源应用体系和省、州（市）、县（市、区）、校跨区域网络教研体系。学校要抓实智慧教育等教育和科技融合相关工作，积极开展智慧校园、智慧课堂、智慧评价和优质数字资源等示范建设工作，建立本校智慧教育、教育信息化等能力素养培训制度。

（二）加强教师队伍建设，提高运用能力

广大教师要主动变革，加强对智慧教育、教育信息化等教育和科技融合相关理念的学习和实践，不断提高自身教育信息素养和水平，在教学过程中利用新技术、新设备革新教育方法，创新教育模式，不断提高教学质量。各级教育管理部门和学校要加强教师培训，以新时代教师素质要求和国家课程标准为导向，加强教师信息化、智慧化应用能力提升培训，采用线上线下相结合的方式，突出新方法、新技术的课堂应用培训，不断提高教师运用信息技术等新工具进行课堂教学、虚拟实验操作、知识重构的设计能力。

（三）健全保障体系，营造发展环境

改造传统教学环境，构建满足学生网络化、数字化、智能化、个性化、终身化学习需求的新型课程结构和教学组织管理体系，融合运用传统与现代技术手段，注重对学生的启发式、混合互动式、探究式教学，建设丰富的数字资源，形成物理环境和虚拟环境融合、满足学习者个性需求的智慧校园环境。深化教育大数据应用，创新优质教学资源开发与运用方式，制定云南省教育公共信息资源开放目录，构建数字教育资源共建共享机制，实现规模化教育与个性化培养有机结合。完善基于现代信息技术的教育治理体制，加强教育信息化数据与技术标准建设，构建覆盖全省的数字教育资源公共服务体系，加快构建全省统一规范、互联互通、安全可控的教育数据开放体系，全面提高利用大数据支撑保障教育管理、决策和公共服务精准化和决策科学化的能力，逐步实现教育治理业务协同。

（四）优化课程设计开发，提高培养能力

面向不同教育层级的学生开展人工智能、大数据等相关认知教育，培

养学生建立驾驭人工智能的意识与能力,做好合理使用监管。开设人工智能等应用课程,结合学生特点个性化设置相关课程,重点帮助学生进行逻辑训练、思维训练,培养学生运用大量信息进行创新与团队合作的能力。在课程设计过程中,要发挥互联网丰富的功能性,增强教学中的互动、参与、反馈,将课程内容以多种形式呈现在学生面前,增强直观感,提高趣味指向,为学习者真切感受传统文化的魅力创造有利条件,使学生能够在轻松愉快的氛围中进行学习,提高学生应用新工具的积极性。教育研究机构可加快对人工智能等赋能教育体系长期影响的研究分析,就新技术框架下的教学目标、教学方法进行探索,研究探索人工智能辅助下团队协作和技术攻关的新模式。

(五)加快教育公共服务平台建设,实现资源共享

进一步完善云南教育公共资源服务平台,从不同年龄阶段学生的学习需求、心理需求,结合学校教育目标、教育需求和教育内容,构建云南教育数字资源及服务体系,促进学校教育模式从传统教育模式向"互联网+传统教育"模式转变。建立健全教育内容整合和共享机制,建立统一标准和规范的数字教育资源审定机制,使之既适应信息时代的要求,又符合传统教育的需要;建立基础性数字教材资源与免费教科书配套引入的机制;构建符合教师教学需要的基础性数字资源更新体系,建立内生数字教育资源开发机制,促进优质教育资源共建共享共治,探索支撑资源高质量开发利用有效途径,促进服务渠道和服务内容多元化、个性化,使平台切实能达到帮助学校管理和教学,支持教师教学和学生学习的目的。打造有影响力的教育平台,如"中国大学 MOOC""学习强国"等教育平台打造的"慕课""微课""双微"等新型课程模式,为学生提供了丰富的学习资源,满足了学生、家长不同的需求。

部分省市文化和科技融合发展情况及对云南的启示

为更好地学习借鉴其他省市推进文化和科技融合发展的经验做法，推动云南文化和科技深度融合，发展新模式，催生新业态，笔者先后赴山西、陕西、南京等地进行实地调研，希望找到一些对云南有借鉴意义的经验和做法，对云南有关部门制定政策、推动工作有所帮助。

一、基本情况

（一）山西

山西地处中原，历史悠久，是中国的文物大省，地上、地下文物遗存非常丰富。近年来，山西以文物保护、文化旅游为重点，推进文化和科技融合，形成了"文化+科技+旅游""文化+科技+文化遗产保护"等特色发展路径。最具特点的做法有以下两个方面：一是突出集聚效益，将太原高新区（国家文化和科技融合示范基地）、太原经开区、晋中经开区、太原工业园区、榆次工业园区、山西科技创新城等8个园区，合并为转型综合改革示范区，扩大原各个园区政策适用范围，并通过体制机制和管理创新，集中了一批文化科技企业，组织实施了一批文化和科技融合示范项目，打造了一批文化创新服务平台，形成上下游关联度高、协同效应强的文化和科技融合发展产业集群。区内共有文化科技企业4000余家，从业人员4.1万余人，主营业务收入约127.4亿元。二是打造发展平台，围绕丰富的历史文化、世界文化遗产等文化资源优势，成立以山西辰涵数字科技股份有限公司为牵头单位的"山西省文化数字内容产业技术创新战略联盟"，打造以展示推广、创业孵化、旅游创客、文化与文化遗产保护和传承的"云旅天下文化旅游科创基地"等公共服务平台，组织开展了多届山西文化产业博览交易会和山西非物质文化遗产博览会，为文化和科技在更高层面、更广领域深度融合提供了重要平台。

（二）陕西

陕西是最早响应国家号召，推动文化和科技融合发展的省份。最具特点的做法有以下三个方面：一是重视顶层设计，先后出台《陕西省"十三五"时期文化发展改革规划》《关于进一步加快陕西文化产业发展的若干政策措施》《陕西省文化和科技融合示范基地认定管理办法（试行）》等多个政策文件，逐步形成推动文化和科技融合的政策体系。二是加强试验示范，积极推动文化和科技融合示范基地建设，共建有国家级示范基地 2 个，并在全国率先启动省级示范基地建设。在参照国家认定标准的基础上，进一步对示范基地边界范围作出具体要求，明确提出对已认定省级示范基地优先推荐申报国家级示范基地，由各级科技计划和文化产业专项资金予以倾斜支持，并优先布局文化和科技融合领域创新平台，2019 年开展了第一批省级示范基地认定申报工作。三是强化模式创新，以国际一流文化旅游中心和全域旅游示范省建设为契机，以陕西文化产业投资控股（集团）有限公司为龙头带动，与京东等互联网头部企业开展战略合作，探索"文化+旅游+科技+互联网"发展模式，打造陕西旅游品牌展示运营平台、综合服务平台，以及云计算和大数据服务中心，推动云计算、物联网、人工智能等技术与传统旅游业结合，实现陕西文化旅游智慧升级。

（三）南京

南京充分发挥文化资源丰富、科技创新人才集聚、文创产业发达的优势，坚持创新驱动，强化跨界融合，构建常态化、高层次、全国性的文化和科技融合成果展示、交流、合作平台。2018—2023 年，连续六年举办中国（南京）文化和科技融合成果展览交易会，展示和分享文化领域前沿科技创新成果，推进新技术产业化。尤其是 2020 年以来，创新展览交易会举办模式，采取"云上线下双线办展",线下会场除展览展示外,还邀请故宫博物院、上海科技馆、华为战略研究院等专家对文化和科技融合未来发展趋势、热点问题等进行解读;线上采取构建产业招商的全省项目招商库、全球合作伙伴库、产业人才库和线上展示平台"三库一平台"的方式,吸引海内外有关领域企业和机构在线发布、云上展示、即时对接,实现线上展览和产业招商常态化。

二、几点体会

(一) 国家高位推动文化和科技融合工作

党的十八大以来,以习近平同志为核心的党中央高度重视文化和科技融合工作,多方面高位推进。尤其是 2019 年以来,《中华人民共和国文化产业促进法(草案送审稿)》,将"科技支撑"作为独立章节,鼓励发挥科技在文化产业领域创新发展中的作用;科技部等部门联合印发《关于促进文化和科技深度融合的指导意见》,并进一步规范和重启国家文化和科技融合示范基地建设工作。2020 年,国家文化大数据体系建设工作启动;同年 9 月,习近平总书记在湖南考察时再次强调"文化和科技融合,既催生了新的文化业态,延伸了文化产业链,又集聚了大量创新人才,是朝阳产业,大有前途",明确指出文化和科技融合既在意识形态领域有助于弘扬和培育社会主义核心价值观,又在经济建设中推进文化产业持续健康发展,将文化和科技融合发展推向了新高潮。

(二) 各省市积极推进文化和科技融合发展

在国家大力推动下,各省市快速反应,结合自身特点制定工作举措,文化和科技融合在全国遍地开花。山东、辽宁、湖南、浙江、陕西等省先后出台相关政策,明确文化和科技融合发展目标、重点任务和具体举措。陕西在全国率先开展了省级文化和科技融合示范基地建设工作。江苏自 2018 年起连续六年主办中国(南京)文化和科技融合成果展览交易会,服务各类市场主体数千家,累计达成交易额逾 300 亿元,参观人数逾 7 万人。山西结合自身历史文化资源禀赋,支持以山西云旅天下网络科技有限公司、山西辰涵数字传媒股份有限公司等为主的科技型企业，大力推进科技在文物保护、文化旅游开发等方面的应用。浙江通过打造文化产业大数据服务平台"浙朵云"，认定"文化+互联网"创新企业等方式，培育壮大文化和科技融合发展主体。此外，重庆、宁波、杭州、深圳等省市也在大力推进相关工作。

（三）文化和科技融合已成为新时期文化产业发展的突破点

2020 年一季度全国规模以上文化及相关产业企业 5.9 万家，实现营业收入 40 196 亿元，比上年同期下降 6.2%。与此相反的是，文化新业态逆势发力，新业态特征较为明显的 16 个行业小类实现营业收入 12 939 亿元，增长 18.2%。从调研情况来看，陕西规模以上文化及相关产业企业实现营业收入 433.5 亿元，同比下降 0.4%，但互联网信息服务企业，数字内容服务企业，互联网文化娱乐平台企业，互联网广告服务企业，多媒体、游戏动漫和数字出版软件开发企业分别实现营业收入 43.4 亿元、12.1 亿元、0.4 亿元、14.6 亿元和 2.2 亿元，分别同比增长 72.8%、20.0%、23.5%、36.1% 和 34.6%；山西规模以上文化及相关产业企业实现营业收入 31.2 亿元，同比下降 33.1%，但以互联网为基础的文化新业态特征较为明显的广播电视集成播控、互联网搜索服务、互联网游戏服务、互联网广告服务等行业实现营业收入 1.0 亿元，下降 12.3%，受冲击程度相对较小。

从全国来看，这个特征也非常明显。2022 年，全国文化新业态特征较为明显的 16 个行业小类实现营业收入 43 860 亿元，比上年增长 5.3%，快于全部规模以上文化企业 4.4 个百分点；文化新业态行业营业收入占全部规模以上文化企业营业收入的 36.0%，占比较上年提高 1.5 个百分点。在 16 个行业小类中，13 个行业营业收入比上年增长，增长面达到 81.3%。其中，数字出版、娱乐用智能无人飞行器制造、互联网文化娱乐平台、增值电信文化服务和可穿戴智能文化设备制造等行业实现两位数增长，分别为 30.3%、21.6%、18.6%、16.9% 和 10.2%。

三、存在的主要问题

（一）东西部地区发展不平衡现象突出，西部发展滞后

文化产业的发展与经济发展水平存在极高关联度，东部地区经济发展速度快，科技型企业活跃，创新能力强，以杭州、深圳等为代表的主要城市集中了"全国文化企业30强"的半壁江山，其中"中国演艺第一股"宋城演艺发展股份有限公司、"创、研、产、销"一体化发展的华强方特文化科技集团股份有限公司等一批文化科技领军企业，通过内容创新、技术创新、装备创新、商业模式创新等，已逐步发展衍生出沉浸产业等新兴业态。以山西、安徽、湖南等为代表的中部地区文化产业发展空间较大且状态良好，拥有不少文化科技企业，但是与东部地区相比仍有一定差距，主要体现在：领域上集中在旅游、文物保护等传统行业；手段上以技术应用为主，在文化内涵深度挖掘、内容和模式创新等方面仍有不足。而西部地区文化和科技融合发展的意识普遍较低，仍停留在概念理解和点位布局上，没有形成产业化发展趋势。2022年，全国规模以上文化及相关产业企业实现营业收入中，东部地区91 714亿元、中部地区18 269亿元、西部地区10 793亿元、东北地区1029亿元，分别较上年增长0.1%、5.8%、0.5%和-0.1%，中部地区发展迅速。

（二）融合发展主体"小、散、弱"问题普遍存在，难以形成规模效应

文化科技领域，特别是互联网文化领域供应链短，部分企业无须合作便可独立完成从创意到生产、再到传播的文化产业全链条发展，一定程度上导致一些文化科技企业发展意愿不强，规模较小。另外，我国文化领域专业化创新服务平台较少，文化产业发展未形成集聚效应。2022年，全国规模以上文化及相关产业企业实现营业收入121 805亿元，远未成为重点产业，与国外发达国家相比更是相距甚远。从"第十五届全国文化企业30强"企业主营业务收入来看，2022年度主营业务收入最高的为华侨城集团1123.42亿元，最低的为博纳影业集团股份有限公司1.05亿元，中间的大部分企业为出版企业，主营业务收入多处于100亿元上下。

（三）创新能力不足，依然是制约融合发展的关键因素

文化产业的快速发展、新业态的衍生都极大地依赖于科技创新，但是大部分地区科技支撑文化产业创新发展能力不足。主要体现在三个方面：一是基础研究、应用基础研究的研究和应用能力有限，《中国文化和科技融合发展战略研究报告（2020）》提到，未来文化和科技融合的四个关键节点分别是数据、算法、网络和装备，其核心之一是通过人工智能算法测算后，使数据成为预测未来和辅助决策的重要资产，同时通过不断迭代的算法和海量数据构成文化科技新竞争优势，但是对于部分地区而言，尤其是云南等西部地区来说，受人才、平台、政策环境、产业体系等条件制约，对云计算、区块链等新技术的研究和应用不充分，场景建设不足，存在"数据无限，算力有限，算法滞后"的问题。二是文化产业专业化创新服务平台较少，2022年，文化辅助生产和中介服务、创意设计服务、文化装备生产、文化娱乐休闲服务等行业营业收入分别比上年下降0.4%、0.6%、0.7%、6.3%。三是跨界融合人才稀缺，文化和科技融合需要既掌握高新技术又熟悉文化产业发展规律的复合型人才，而这类人才总量与实际需求相差甚远，人才稀缺成为制约文化和科技融合快速发展的最主要短板之一。

四、对云南的启示

从国家和省外发展情况来看，文化产业正处于新一轮爆发性增长和产业变革前夕，随着5G商用、人工智能、大数据中心、云计算、物联网等"新基建"的布局和完善，新一轮的技术爆发将加速向文化产业渗透，会有更多在实验和设想阶段的文化科技应用转化为面向大众的产品和公共服务。此外，消费互联网和产业互联网的融通将进一步整合文化产业链、提升价值链，助推文化产业变革。未来，文化和科技融合将面对更广阔的全球市场。云南必须抓住机遇，充分发挥文化资源优势，加快补齐科技创新支撑能力不足等短板，推进文化和科技深度融合。

（一）进一步深化改革，促进要素资源优化配置

贯彻落实中央有关文化体制改革的精神，加快推进文化产业类单位体制改制，建立和完善现代企业制度。同时，全面放开国有文化企业经营领域和渠道，允许民营、国有文化企业相互参股、持股，发展混合所有制。深化科技管理体制改革，促进产学研用深度结合，鼓励文化企业和文化领域研究机构联合发展，兼并重组，做大做强。

（二）完善财税扶持政策，多渠道解决资金瓶颈问题

建立多层次文化产业发展基金和文化和科技融合专项资金，采取项目补贴、贷款担保、贷款贴息、政府采购、成果奖励等方式，加大对自主研发、自主作品产业化、产品推广和市场营销、品牌塑造等环节的支持力度，打造一批文化和科技融合的标杆企业。坚持政府引导，促进文化与金融结合，建立文化产业投融资平台，引导社会资本投向文化发展重点领域，鼓励各类基金、风险投资进入新兴文化产业领域，支持符合条件的文化企业上市融资，多措并举，有效解决资金问题。

（三）加大研发投入力度，加速文化科技成果产业化

围绕广播影视、智能语音、出版传媒、数字动漫等重点领域，充分发挥政府引导和骨干企业示范带动作用，加快建设互联网影视、数字出版、数字媒体等方面的公共技术研发平台，联合各方专业技术人员开展攻关，争取在一些关键共性技术上取得突破。以各类文化产业园区、国家文化和科技融合示范基地等为载体，鼓励社会资本组建公司性质的文化科技企业孵化器，推动文化科技成果的产业化和资本化，形成"文化—科技—资本—市场"的良性循环。

（四）强化产权保护意识，健全文化市场要素体系

严厉打击各种侵犯知识产权的行为，着力培育具有自主产权的文化科技企业，全方位保护企业产权的合法地位和经济利益。在落实文化企业产权登记保护的同时，积极搭建各类文化产权交易平台，建立健全各类文化要素市

场，加快培育资产评估、版权交易、产品交易、产权交易等市场体系，大力提高文化生产要素的市场化配置能力，加速文化科技成果的产业化。

（五）加大政策扶持力度，培育壮大市场主体

开展文化科技领军企业、高新技术企业和科技型中小企业培育工程，壮大企业主体规模，构建以高新技术企业为核心的文化科技企业梯队。加强政策引导，在省科技计划项目中设立专项，对文化和科技融合领域关键共性技术和产品研发给予支持；鼓励文化领域产学研用深度融合，支持省内文化企业牵头与科研院所、高校、企业组建创新联合体，承担各类科技项目。为文化科技企业提供培训辅导、咨询、知识产权等服务，强化科技信贷、信用担保、科技保险、股权激励等政策扶持力度。

（六）建立联合培养机制，培育复合型人才队伍

探索建立高校、科研院所、文化科技企业人才联合培养机制。鼓励高校和科研院所加强文化科技专业（学科）建设和理论研究，设立文化科技创新相关专业与课程，开展文化科技创新及创新成果转化课题研究；支持文化科技企业采取定向委托培养等方式，与高校、科研院所深入合作，结合文化市场需求培养复合型人才。建立吸引海内外人才创业就业的人才引进机制、产学研资源共享的人才培养机制、公开公正的创新评价机制、市场化的考核激励机制，重点培养各类文化科技跨界技能人才、管理人才、创新创业人才。落实以能力和业绩为导向的分配激励机制，鼓励企业推行技术、成果等要素参与收益分配。

加快云南文化和科技深度融合的对策建议

习近平总书记指出，文化和科技融合，既催生了新的文化业态、延伸了文化产业链，又集聚了大量创新人才，是朝阳产业，大有前途。当前，科技的发展深刻影响和重塑人们的文化生活，文化力量也在不断丰富科技的应用和表达，两者相辅相成、相互促进。云南是文化资源大省，昆明、西双版纳、丽江、迪庆、保山等5个州（市）的文化产业增加值占当地地区生产总值的比例已接近或超过5%，成为支柱产业，因此，抢抓社会主义文化强国建设和新一轮科技革命重大机遇，促进文化和科技深度融合，是云南主动服务和融入国家战略、实现文化产业高质量发展的重要途径。

一、促进云南文化和科技深度融合具有重要现实意义

新时期，国家对文化强国建设作出了明确部署，促进文化和科技深度融合，不仅对推动文化事业和文化产业发展，更好满足人民精神文化生活新期待，增强人民群众的获得感和幸福感具有重要意义，更将在不断增强社会主义意识形态的凝聚力和引领力方面发挥重要作用。

（一）有利于更好地服务和融入社会主义文化强国战略

党的十九大报告明确了新时代文化建设在中国特色社会主义总体布局中的定位，提出了建设社会主义文化强国的奋斗目标。党的二十大报告进一步对社会主义文化强国怎么建、建成什么样指明了方向。当前，科技对文化经

济领域的全面渗透创造了全新的文化发展格局，在中国建设社会主义文化强国的 3 个阶段中，第一阶段（1980—2020 年），基本形成国家文化软实力体系，并不断解决文化发展中的不平衡和不充分问题；第二阶段（2020—2035 年），建设世界文化大国，形成以创新驱动的文化生产力体系，创造出优于发达国家的大量文化产品和文化服务，同时，经济实力、科技实力大幅跃升，跻身创新型国家前列；第三阶段（2035 年到 21 世纪中叶），成为全球文化强国，进入全球文化要素供应链、文化产品价值链、文化消费服务链的中高端，科技已成为必不可少的因素。因此，推进文化和科技深度融合，是各地区更好地服务和融入社会主义文化强国战略的重要举措。

（二）有利于推进文化和科技事业相互作用协同发展

从 20 世纪 30 年代至今，印刷技术、摄影技术、广播技术、数字技术等新技术的出现都在文化产业发展的历史长河中起着重要的分界岭作用，每一次技术革命都会带来文化产业的巨大变革。美国著名历史学家威廉·麦克高希提出"人类文明的界定是以文化技术为参考值"，中国科学院张树武研究员提出"文化经济 4.0"的概念，即文化、科技、经济三者之间的融合互动与协同发展。创新是文化和科技的属性，而融合则是创新发展的基础。对文化来说，科技创新已经渗透到与文化相关的设计、生产、消费、传播各个关键环节，文化产业的价值链与供需关系正在颠覆，科技成为文化产业升级、转型的重要引擎和核心支撑。对科技来说，文化是创新成长的土壤和根基，文化在观念、制度、方法、价值等多个层面影响科技创新的发展方向和速度，成为提升科技产业竞争力和价值追求的重要引擎。因此，文化和科技融合发展是推进文化和科技事业共同发展的有效途径。

（三）有利于更好地满足人民精神文化生活新期待

中国特色社会主义进入新时代，我国社会主要矛盾已经转化为人民日益增长的美好生活需要和不平衡不充分的发展之间的矛盾。这意味着当代中国在站起来、富起来向强起来的转换中，当代中国人的需求也在发生深刻变化，已经由主要满足物质需求，转变为主要满足精神需求。而新时期人民群众对精神文化的需求呈现出新特点，即更加个性化、多样化、层次化、品质化和国际化，因此，促进文化和科技深度融合，转变文化发展方式，推进文化事业和文化产业更好更快发展，将有利于进一步繁荣发展社会主义先进文化，为广大人民群众提供更加丰富优质的精神文化食粮，更好地满足人民日益增长的美好精神文化生活需要。

二、云南文化和科技融合发展成效显著

近年来，云南省委、省政府高度重视文化和科技融合发展，通过实施"文化+"行动计划，推动文化和科技融合取得了较好成效。

（一）文化产业实力显著增强

云南具有发展文化产业的良好资源条件和巨大的市场空间。省委、省政府一直十分重视"民族文化强省"建设，根据文化产业发展实际，提出重点发展新闻出版、影视动漫、民族演艺、文化旅游、休闲娱乐、文化会展、珠宝玉石、工艺美术、茶文化和体育十大重点主导产业，并制定了行业发展规划，在财政扶持、税收优惠、土地使用、市场管理、金融支持、政府服务等方面出台了一系列优惠政策，探索出一条边疆民族地区文化产业发展的新路径。近十年来，新闻出版、广播电视等传统产业巩固壮大，文化创意业、文化信息业等持续发展。全省文化企业实现营业收入从 2012 年的 298.97 亿元增加到 2022 年的 737.1 亿元，增长 1.47 倍。

（二）文化和科技融合的新业态方兴未艾

目前，以信息技术为代表的新技术逐渐渗透到出版印刷、影视传媒、广告创意、演出演艺等领域，并孕育了一批充满创造力的文化科技企业，文化和科技融合的形式不断丰富。如，动漫产业从无到有，获得国家认定的动漫企业数量逐年递增；昆明盛策同辉数字科技有限责任公司运用高科技全感官体验新媒体技术、云计算物联网技术等开发了多项针对房地产、旅游服务、文化传播等领域的数字化宣传、数字化体验、新媒体互动体验产品；云南天之游科技股份有限公司以精品化、电竞化、全球化为核心制作游戏，打造出"文化+科技"的新样本。2022 年上半年，文化新业态特征较为明显的 16 个

行业小类，9 个小类共 37 家文化企业，实现营业收入 20.5 亿元，比上年同期增长 3.1%，快于全部规模以上文化及相关产业企业 16.3 个百分点。其中，互联网搜索服务、数字出版、互联网广告服务和其他文化数字内容服务增长势头强劲，分别增长 97.2%、82.8%、20.7% 和 18.1%。

（三）骨干企业、基地（园区）不断发展壮大

文化领域龙头企业发展带动作用明显，营业收入亿元以上的文化企业占比不到全省文化企业总数的 10%，营业收入却占全省文化企业总收入的 60% 以上。以云南报业传媒（集团）有限责任公司、云南出版集团、云南广电网络集团、云南广电传媒集团 4 家省属国有企业为主的文化企业，积极进入数字出版、数字传播等新兴业务领域，先后实施了云南多民族语言基础数字出版、全省可移动文物数据平台等一批科技文化创新项目，云南出版集团曾跻身全国出版集团经济规模综合排序前 10 名和全国服务企业 500 强，目前，正在以"滇教云"数字教育云平台为抓手，全面推进智慧教育建设，旨在构建网络化、数字化、智能化、个性化、终身化的教育体系，营造人人皆学、处处能学、时时可学的学习环境，促进教育组织形式和管理模式创新。云南广电传媒集团实现了中国数字电视标准在国外的突破，完成老挝数字地面电视系统从 DVB-T 标准到 DTMB 标准的转换，推动中国数字电视在老挝落地。骏宇文博、云南文化、恐龙谷、丽江文旅、金彩影业等 5 家文化企业在新三板挂牌。

昆明国家广告产业试点园区、云南民族文化产业示范园区、云南亚广影视传媒中心、云报传媒广场、云南广播电视集中集成播控中心、东盟国际图书城以及大批民族民间工艺品基地、康体休闲基地、民族文化旅游园区、文化创意园区等重点项目带动效应越来越明显，昆明、丽江、腾冲、瑞丽、红河、西双版纳等地成为文化产业投资开发热土。昆明国家广告产业试点园区是原国家工商总局①批准的中央财政资金重点支持发展的 31 个国家广告产业

---

① 2018 年 3 月，十三届全国人大一次全体会议表决通过并批准了国务院机构改革方案的决定，国家工商行政管理总局的职责，国家质量监督检验检疫总局的职责，国家食品药品监督管理总局的职责，国家发展和改革委员会的价格监督检查与反垄断执法职责，商务部的经营者集中反垄断执法以及国务院反垄断委员会办公室等职责整合，组建国家市场监督管理总局，作为国务院直属机构。

试点园区之一。昆明、丽江先后获国家批准认定为国家文化和科技融合示范基地。

（四）科技在特色文化产品品牌创建中的作用日益凸显

近年来，云南通过引进重点企业、重点项目等形式，利用现代灯光、音响和舞美等技术，创作了一批优秀文化作品。文化演艺方面，打造 50 余台文化演艺精品，数量、质量排名全国前列，初步形成较为完整的民族演艺产业链，《云南映象》《丽水金沙》《丽江千古情》等受到市场好评，《吴哥的微笑》等成为我国在东南亚南亚有较大影响力的文化品牌。广播影视方面，电影《独龙之子高德荣》获中国电影华表奖提名奖，电影《一点就到家》获中国电影华表奖优秀农村题材影片奖，记录电影《九零后》获中国电影金鸡奖最佳纪录/科教片奖，电视剧《锻刀》获 2017 年全国电视剧收视第一名，广播剧《永远的更路簿》获精神文明建设"五个一工程"奖，大型话剧《桂梅老师》获文华奖，原创 MV《生命之春》《山河无恙在我胸》《命运共同体的战斗》迅速传遍全网。民族工艺品方面，开发了一批新工艺和新配方，涌现出紫陶、银器、石砚、锡器、刺绣等领域的多个知名品牌，形成昆明、瑞丽、腾冲等多个全国著名珠宝玉石加工基地，中国昆明泛亚石博览会成为亚洲规模最大和国内专业化程度最高的国际石文化博览会。文化旅游方面，在旅游电子商务服务技术的支撑下，打造了迪庆独克宗、丽江束河等一批知名品牌。

（五）文化对外交流与合作水平不断提升

文化和科技融合全面提升了云南文化产业的知名度和国际竞争力，一大批优秀文化产品和服务项目走出国门，开拓国际文化市场，推动文化对外贸易稳步发展。昆明新知集团有限公司先后在柬埔寨金边、老挝万象、马来西亚吉隆坡、缅甸曼德勒和斯里兰卡科伦坡等地开设华文书局；云南文化产业投资控股集团有限责任公司与柬埔寨合作打造的演艺节目《吴哥的微笑》，在当地占据较高的演艺节目市场份额；云南日报报业集团在印度尼西亚出版发行《国际日报·美丽云南》新闻专刊；云南无线数字电视文化传媒有限公司结合周边国家数字电视传输实际，推动中国数字电视传输标准（DTMB）在东南亚国家的应用，带动云南省具有自主知识产权的高附加值广播电视产品出

口。云南皇威传媒有限公司译制的《木府风云》《舞乐传奇》《北京青年》等
9部356集优秀中国电视剧，输出到老挝等东南亚国家，播出后受到热捧。
《木府风云》精装电视剧DVD作为国礼赠送给老挝国家领导人，这些工作促
进了我国文化软实力和国际传播力的提升。

三、云南推进文化和科技融合主要做法

(一) 优化文化和科技融合政策环境

近年来，云南省委、省政府大力推进文化产业发展，实施"文化+"行动
计划，促进"文化+科技"融合发展，先后出台《云南省"十三五"时期文
化发展改革行动计划》等一系列指导性文件，编制《云南省人民政府关于推
进文化创意和设计服务与相关产业融合发展的实施意见》《云南省推进文化创
意和设计服务与相关产业融合发展专项行动计划》等一批政策文件，从财政、
税收、金融、土地等方面营造了有利于文化和科技融合发展的政策环境。设
立了云南省文化产业发展专项资金，实施了滇版精品出版工程、新时代广播
电视精品工程、"云南出品"电影精品工程，重点开展文化产业中心基地建
设、新兴媒体建设、文化人才培训，以及影视制作、歌舞创作、图书出版、
工艺品开发等工作，初步形成文化科技园区、企业、服务平台联动发展的良
好格局，不但激发了文化企业的活力，提升了文化产业整体水平，更倒逼科
技转型升级，从而推动云南文化与科技的双赢。

(二) 加大文化、科技等各部门支持力度

近年来，"丽江古城世遗数字化与文化旅游综合服务示范""云南多民族
语言基础教育数字资源聚合与投送服务系统及应用示范"等项目得到国家文
化科技创新工程项目支持，累计获得项目经费2000余万元。"临沧城乡生态
建设与民族文化科技产业发展研究与示范"项目获国家科技支撑计划立项支
持。云南省科技厅立项支持了"面向东南亚南亚的多语种在线互动平台研发
与应用""基于云计算的公共数字文化服务平台研发与应用示范""大理州智
能化旅游电子商务综合服务平台开发及产业化示范"等文化科技融合项目。

丽江市从 2014 年起，由市财政每年安排 2000 万元专项资金用于文化和科技融合项目建设。

（三）推进科技成果转移转化

科技成果的转移转化是文化和科技融合的"最后一公里"，云南积极贯彻落实《促进科技成果转化法》《国家技术转移体系建设方案》《促进科技成果转移转化行动方案》等，采取"四抓四促进"措施，探索形成具有云南特色的科技成果转移转化机制模式。一是抓县域科技成果转化建设科技成果转化示范县 33 个（省财政经费每个安排资金 200 万元）、县域科技成果转化中心 123 个（省财政经费每个安排资金 40 万元），搭建了省、州（市）、县（市、区）三级科技成果转移转化体系。二是抓技术市场建设，建设线上线下覆盖全省的技术市场。安排省级财政资金 2400 万元，依托云南省高校知识产权管理服务有限公司，打造线上线下相结合、覆盖全省的网络化、开放式、专业化技术交易市场。三是抓"科技入滇"，2012 年以来举办了多届"科技入滇"活动，在科研平台、科技型企业、科技成果、人才和团队等方面签约项目 3000 余项。四是抓政策落实，出台《云南省财政支持和促进科技成果转化实施意见》《云南省促进科技成果转移转化实施方案》《云南省技术转移体系建设实施方案（试行）》和《实行以增加知识价值为导向分配政策的实施意见》等文件，进一步明确科技成果转移转化的具体措施和责任。

（四）建设一批文化科技聚集高地

积极打造数字文创产业园区，以产业园区为载体，引导数字文创企业集聚，打造数字经济新亮点。云南共有省级文化创意产业园 33 个、文化创意与相关产业融合发展示范基地 18 个，其中，文化产业营业收入 10 亿元以上的有 10 个，文化产业营业收入 1 亿元以上的有 20 个。园区按照主导产业类型划分，涵盖出版印刷、文化创意和设计服务、民族民间工艺品、珠宝玉石等 4 类，以同景 108 文创园、昆明金鼎文化创意产业园、M60 文创园及紫云青鸟云南文化创意博览园等为代表的一批产业园区，集群发展成效明显，已形成区域联动、合理分工、各具特色、有序竞争的发展格局。"十三五"期间，昆明市开展了文化产业园区和示范基地建设工作，建成以"文化+科技"为特色的云南滇创季官文化创意产业园、云南文化旅游创意博览园、大都摩天购物中心、昆明国家广告产业园等文化产业园区和示范基地 10 个。官渡区在原有昆明滇池国际会展中心、官渡古镇和昆明国际包装印刷城等 3 个省、市级园区的基础上，先后启动了艺术家园云南文化旅游博览园等一批特色文化创意产业园建设。2019 年官渡区开展了首批区级文化产业园区和示范基地申报认定工作。

（五）充分发挥昆明的引领带动作用

昆明市作为云南的省会城市，在云南民族文化强省建设中具有重要地位和作用。以昆明金鼎科技园为核心的文化科技企业集聚区被认定为国家文化和科技融合示范基地，多年来一直是云南文化科技创新发展的高地。建成了昆明老街云南文化展示传播交流基地、昆明国际包装印刷基地、云南紫玉青鸟国际珠宝加工贸易基地等一批文化产业基地（园区）集聚区。同时，昆明市还是国家电子商务示范城市、国家现代服务业软件产业化基地和国家广告产业园现代服务业试点城市，昆明市五华区是国家智慧城市试点，这些类型不同、功能互补的产业服务平台，为文化产业和企业的发展提供了重要支撑，也使昆明成为全省文化和科技融合的辐射带动源。

四、云南文化和科技融合存在的主要问题

近年来，云南文化和科技融合发展取得了显著成效，但是与文化产业高质量发展的需求相比，还有一定差距。

（一）科技创新与文化发展的主动对接不足

一是科技成果与文化资源对接不足。云南各类科技成果交易平台中，文化领域相关技术涉及较少；文化科技领域展览、交易会等举办数量少，规模小，使得文化企业对新技术的了解和应用不足，资源驱动的文化产业发展形态没有得到根本改变；新兴文化科技企业规模小、领域分散、技术开发能力有限，难以充分挖掘和开发利用现有文化资源，导致文化产品附加值低。二是促进文化和科技协同发展的体制机制尚不健全。省级层面尚未建立工作统

筹机制，促进文化和科技融合的专项政策也较少，而西安、沈阳等除设立专项资金外，还在土地供给、税收优惠、人才激励等方面给予文化科技企业重点支持。三是统计、考核评估等配套政策有待进一步完善。目前，规模以下文化企业、信息服务业类新兴产业等未纳入文化产业统计，文化企业、文化产业园区考核评估制度尚不完善，文化产业园区建设的管理服务支持力度不够。

（二）文化和科技融合发展载体缺乏

一是支撑文化和科技集聚发展的空间载体有限。云南科技创新资源主要集中在滇中城市群，而文化资源相对集中在创新能力较弱的丽江、保山等州（市），客观上形成科技资源聚集与文化产业发展空间上的错位，使文化和科技在服务、需求、信息等方面很难实现空间"耦合"，难以形成有效匹配的溢出效应。二是推动文化资源形成合力的服务平台缺乏。云南省尚未搭建起为文化企业提供技术创新、科技成果转化、企业孵化、人才培养、产学研结合、投融资等方面的科技创新服务平台，导致文化和科技联系不紧密，不成链条。三是文化和科技融合主体不强，云南缺乏较有影响力的文化科技龙头企业，融合发展规模不够大、范围较小、层次不高，难以形成由龙头企业带动的抱团发展效应。

（三）文化科技成果与产业的对接不足

一是文化产业自主创新能力不足。云南文化产业新技术研发以跟踪国内外的技术创新为主，自主创新和引进消化吸收再创新不足，受技术水平限制，很多创意成果附加值不高或难以产业化。二是文化产业对现有科技成果应用不足。从国内而言，舞台展示、声光电融合、文化遗产保护等方面的技术已较为成熟，但是文化产业开发及民族文化传承保护对新技术的应用还比较单一，一些珍稀濒危文化资源未能通过有效的技术手段得到保护，一些具有云南特色和开发价值的文化产品未能得到有效传播和推广。三是对文化资源开发成果的保护不足。缺少利用新技术、新方法对独有、特有文化资源收集整理，形成成果加以保护传承的有效机制，对文化领域相关知识产权的保护以及维权机制仍需进一步完善，文化发源地等方面的认定保护工作有待加强。

（四）文化与科技跨界融合人才稀缺

一是人才创新贡献与回报对接不足。文化创意产业创新人才培养投入相对较高，因此，人才对收入的期望值也相对较高，而与浙江等文化创意产业发达、经济发展水平较高的省份相比，云南对文化产业创新人才的薪酬、福利、科研条件等基本保障能力达不到人才预期，导致文化产业创新人才存在引不进、留不住的问题。二是人才供需对接脱节。当前，文化创意产业人才培养呈现结构性矛盾，在传统的文化与艺术专业毕业生就业压力越来越大的同时，文化和科技融合的复合型人才缺口不断扩大，无论是高等学校专业设置，还是社会人才培养平台建设，都难以很好地满足文化和科技融合人才培养需要，而科技和文化行业从业人员对彼此领域的学习不够、探索不足，也导致相互融合困难，目前缺乏对两个领域从业人员进行融合化深造和培育的有关机制。民族民间文化传承人科技素养和创新能力也还需要进一步培养和挖掘。

（五）文化数据供需矛盾突出

一是文化数据收集整理和共享与实际需求有差距。在供给侧，一方面，文化资源的数字化收集整理以各部门或各有关单位各自收集整理为主，虽然国家、省多次出台相关意见，但在国家文化大数据体系建设之前，实际缺乏统一的平台和标准，导致高度统一和整合仍需一段时间；另一方面，由于数据标准不统一，以及受体制机制等因素的制约，文化数据大多为所属单位内部使用，形成了一座座数据孤岛，互联互通不足，尚未形成产业层面的生产力。在需求侧，大多数与文化科技相关的偏好数据、行为数据等被少数大型企业和平台垄断，马太效应明显，不利于激发全社会的创新潜能和促进文化科技产品质量革新与服务提升。二是文化数据资源挖掘利用不充分。主要体现在对文化数据的记录和运用集中在图文资料的平面、视频收集、展示，进一步利用新技术挖掘文化内涵，推动形成新模式、新业态等的研究开发则涉及甚少。

五、促进云南文化和科技深度融合总体思路、重点领域及路径选择

(一) 总体思路

以习近平新时代中国特色社会主义思想为指导，全面贯彻落实党的十九大和十九届二中、三中、四中、五中全会精神，持续深入学习习近平总书记关于文化和科技融合重要论述精神，深入实施建设社会主义文化强国战略和创新驱动发展战略，充分利用5G、区块链、大数据、物联网等技术，推进文化领域供给侧结构性改革，建立"需求—研发—试验—孵化—产品—产业"的创新融合链，完善具有云南特色的现代文化科技创新体系，实施文化产品创意、生产、传播、运营、展示、消费等环节的关键共性技术攻关和集成应用，全面赋能内容生产创新、产品和业态创新、商业模式创新、治理方式创新，提高文化产品和装备技术水平，打造一批特色鲜明、示范性强的文化和科技融合发展示范基地，一批在全国具有竞争力的文化科技领军企业和一批全国知名文化品牌，促进新技术、新产品、新模式和新业态不断涌现，探索形成以融合为主线，以创新和开放为驱动的文化产业发展新路径，使文化和科技深度融合发展成为文化产业发展的新模式、新增长极，以高质量文化供给增强人们的文化获得感、幸福感。

(二) 重点领域

科技部等六部门印发的《关于促进文化和科技深度融合的指导意见》指出，要"重点突破新闻出版、广播影视、文化艺术、创意设计、文物保护利用、非物质文化遗产传承发展、文化旅游等领域系统集成应用技术"，明确了文化和科技深度融合发展的重点领域，结合云南实际，提出六大重点领域如下。

1. 文化旅游

(1) 行业总体发展趋势

智能互联时代，文化旅游和科技的融合是大势所趋，"科技+文化旅游"的融合发展理念不仅催生新模式、新业态，还极大地提升了产业效率，为游

客带来更新鲜、更智能、更有趣的体验和更贴心的服务。近年来，随着"新基建"的逐步完善，"一机游"作为全域旅游的数字化样本，实现多方共赢、生态共建。继"一部手机游云南"投入实践并取得阶段性成效后，各地纷纷兴起"一机游"平台建设热潮。据不完全统计，全国已有近50个地区或景区在推进"一机游"建设。2020年，苏州高新区联合中国图象图形学学会数字文化遗产专委会、中宣部五洲传播中心、中国电建集团等共同组建数字文旅技术应用国家创新联盟，旨在建立政产学研用为一体的创新体系，重点针对产业发展的关键共性技术瓶颈开展联合攻关，同时，发现创新成果和前沿技术项目，培育孵化数字文旅行业优秀企业，形成数字文旅领域产品系列和数字产业化集群，助推产业转型升级。

（2）云南发展现状

文化旅游作为云南重要支柱产业之一，《云南省国民经济和社会发展第十四个五年规划和二〇三五年远景目标纲要》明确，到2025年，全省旅游文化业实现总收入2万亿元；到2030年达到3.5万亿元，占GDP比重达到12%；到2035年，努力把云南建设成为全国旅游文化业发展领先省份、世界旅游文化重要目的地。近年来，云南积极推进"整治乱象、智慧旅游、提升品质"旅游革命三部曲，抓线上智慧化提升、线下高质量发展，持续改善旅游环境、提升旅游体验。尤其是在以科技创新撬动文化旅游发展方面做出了积极探索，以"一部手机游云南"目的地旅游智慧服务平台打造为重要切入点，将数字化贯穿旅游事前、事中、事后各环节和全过程，借助人工智能、物联网、大数据和云计算等技术，实现旅游要素全面数字化，开具了全国第一张区块链电子冠名发票，不断颠覆传统旅游业态，为游客提供更安全、有效、实惠和环保的个性化服务。

在多措并举的努力下，2023年上半年，云南省文化旅游经营主体数量首次过万，达10 862家，净增842家；纳入省固定资产投资统计的在建文化旅游项目达到1471个，计划总投资2269.73亿元，已完成投资462.7亿元，同比增长2.7%；接待游客5.39亿人次、实现旅游总收入6934亿元，是2019年同期的134.9%、122.2%。其中，15个重点监测的旅游演艺节目接待游客366.45万人次，营业收入2.58亿元，分别同比增长523.4%、437.4%；"有一种叫云南的生活""去有风的地方""大象旅行团"等文化旅游IP深入人心。

（3）融合发展存在的主要问题

云南旅游业起步较早，取得了较好成绩。但是，我们也注意到，2017年云南旅游总收入和游客总人数首次被贵州超越，2018年以来接待国内游客增长速度明显下降，既有短期的游客减少，收入降低，更有长期的对旅游内容、业态、品质等多方面的转型升级要求，文化旅游对科技创新的需求比任何时候都显得迫切，科技创新对文化旅游的支撑作用发挥不明显问题也变得更加突出，主要体现在以下几个方面。一是文化旅游领域科技创新整体效能不高。当前，云南文化旅游领域相关基础研究不充分，关键共性技术自主创新能力偏低的局面仍未根本改变，要进一步强化科技创新引领文化旅游向高端发展的意识，把构建文化旅游科技创新体系作为重中之重，加快突破文化旅游基础理论和关键共性技术，形成持续创新能力。二是成果应用与技术转移转化不足。近年来，北京、上海、浙江等省（市）在文化旅游和科技融合方面已经进行了较深入的研究，形成一批技术成果，云南要在创新环境营造上下功夫，充分发挥市场在科技创新要素配置中的决定作用，加快成果转移转化市场化机制和平台建设，推动引进消化吸收再创新，以科技成果转化与应用推广为主要手段，促进文化和旅游行业新技术、新产品、新模式和新业态的创新发展，强化旅游产品的参与性、体验性、娱乐性，转变以观光型为主的旅游产品结构。三是数据资源深度挖掘和数据运营不足。以"一部手机游云南"为代表的旅游数字化平台，实现了为游客提供"吃、住、行、游、购、娱、养"的智慧旅游服务，但是对数据的运用还基本停留在数据采集和整理层面，通过数据挖掘和数据运营为文化旅游产业高质量发展提供支撑仍在探索阶段，要进一步运用数据清洗、区块链等技术，在保障数据安全和隐私的前提下，提高数据利用效率。

（4）科技创新需求

云南文化旅游和科技深度融合发展的重点是利用新技术加快文化旅游服务数字化发展。科技创新需求集中在：文化旅游资源保护和传承利用、文化和旅游公共服务、文化和旅游治理技术、文化旅游和生态环保综合评价技术研发；集文化资源虚实展示、地理信息服务、文化旅游大数据商业智能分析于一体的文化旅游综合服务云平台构建；线上线下数字文化旅游综合服务示范，提供文化遗产资源虚实互动、旅游地理信息导引、旅游产品营销、线上线下演出等一站式文化旅游综合服务平台构建；智慧博物馆、古遗址智能展示等综合展示和服务平台构建。

2. 非物质文化遗产传承与保护

（1）行业总体发展趋势

我国高度重视利用数字技术做好文化遗产保护、传承、发扬、交流工作。早在2010年，原文化部就将"中国非物质文化遗产数字化保护工程"列为"十二五"时期重点项目加以推进，同年，中国民间艺术家协会数字化工作组启动"中国口头文学遗产数字化工程"。2011年颁布的《中华人民共和国非物质文化遗产法》和相关文件规定，运用录音、录像、数字化多媒体等现代化科技手段对非物质文化遗产进行真实、系统和全面的记录，建立档案和数据库是文化主管部门和其他有关部门实施非物质文化遗产保护工作的重要内容之一。2016年，中国艺术研究院（中国非物质文化遗产保护中心）起草完成了非物质文化遗产数字化保护专业标准。2020年，中国数字文化遗产专业委员会正式成立，主要职责是组织开展文化遗产数字化相关的项目评估、成果鉴定、教育培训等内容，推动文化遗产数字化发展。2021年8月，中共中央办公厅、国务院办公厅印发《关于进一步加强非物质文化遗产保护工作的意见》明确，要加强非物质文化遗产档案数字化建设，妥善保存相关实物、资料。未来，更多的"文化遗产数字化"项目，将为博物馆搭建更加完善的智慧管理平台，让文物数据"活"起来，讲好中国故事；为文物保护建筑建立数字档案馆，把历史古建"护"起来，发现看不到之美；为文化旅游景区开发无界传播平台，让景区体验"联"起来，让游客感受跨越时间与地区的游乐体验；为文化场馆、文创产品及数字化内容打造文化产业链价值地图，以文化产业链图谱"串"起城市文化产业要素。

（2）云南发展现状

云南对非物质文化遗产数字化保护工作的探索起步于2005年，主要工作是：2005—2006年，开展了云南省非物质文化遗产保护项目的数据化采集和存储建档工作；2007年，建立了省级非物质文化遗产数据档案库和云南省文化馆非物质文化遗产保护中心数据库；2014年，在国家级、省级非物质文化遗产名录项目和传承人数据库的基础上，设计开发了项目和传承人数据库管理系统，形成云南省非物质文化遗产数据库省、州（市）、县（市、区）三级网络化管理体系，共完成 6 个国家级非物质文化遗产代表性项目资源的全面数字化记录保存，78 名国家级非物质文化遗产代表性传承人记录工作；2022 年，在《云南省非物质文化遗产保护条例》《云南省人民政府关于进一步加强非物质文化遗产保护工作的意见》《云南省非物质文化遗产传承发展工程工作方案》的基础上，在全国率先出台《关于进一步加强非物质文化遗产保护工作的实施意见》，高位推动非物质文化遗产保护传承工作走深走实。截至 2022 年，全省共有国家级非物质文化遗产代表性项目 127 项、传承人 125 人；省级非物质文化遗产代表性项目 686 项、传承人 1419 人；"傣族剪纸"和"藏族史诗格萨尔"入选联合国教科文组织人类非物质文化遗产代表作名录，是我国非物质文化遗产最为丰富的地区之一。

（3）融合发展存在的主要问题

云南非物质文化遗产保护工作虽然取得了一定成绩，但是在工业化、城镇化背景下，保护工作基础相对薄弱，政策保障力度和机构队伍建设亟待加强，后继乏人等问题依然突出，主要体现在以下几个方面。一是省级层面融合发展的制度设计尚不完善。现有研发体制机制与非物质文化遗产保护条块分割、支撑不足等问题依然存在，如，在《云南省人民政府关于进一步加强非物质文化遗产保护工作的意见》部署的重点任务中，涉及科技部门的内容仅"提升非物质文化遗产宣传展示展演水平"1 项。历年省级科技计划项目对于非物质文化遗产保护、修复，以及利用信息化手段强化文化资源深度挖掘利用方面的支持也相对较少。二是记录和展示数字化水平不高。云南非物质文化遗产数字化记录起步早，但是受技术水平、管理机制等因素的限制，手段较为单一，仍停留在图文资料的平面、视频收集、展示阶段，如何进一步利用新技术挖掘文化内涵，培育和发展非物质文化遗产保护利用新模式、新业态涉及甚少，一定程度上制约了非物质文化遗产的传承和发展。而相关技术在全国来说，已相对成熟，因此，亟须加强关键共性技术集成和推广应用，形成非物质文化遗产保护智慧管理技术体系。三是技术标准缺失，亟须建立健全统一的非物质文化遗产保护技术标准体系。目前，无论是国家层面，还是省级层面，尚无统一的非物质文化遗产保护技术及其相关操作规程、实施规范，现有标准主要以地理标志的形式出现，范围也多局限在"传统手工技艺"类。由于缺乏标准，存在非物质文化遗产项目起源地和归属地争议，大量自称"非遗"的假冒伪劣产品充斥市场，一些"非遗"产品生产方式不符合有关部门相关规定而被要求停产等问题，已成为非物质文化遗产保护和向纵深发展的重要障碍。四是数据资源不联通问题突出，亟须构建统一高效的非物质文化遗产保护平台。各类非物质文化遗产数据库存在互不兼容、互不连通等问题，既浪费了大量时间用于重复劳动，又增加了信息的利用难度，不利于非物质文化遗产保护和开发利用，亟须加强全省统一的非物质文化遗产保护和开发利用平台建设，促进非物质文化遗产有关信息的整合共享，以及依法向社会开放。

（4）科技创新需求

云南非物质文化遗产保护开发和科技深度融合发展的重点是资源数字化和资源服务平台研发与应用。科技创新需求集中在：非物质文化遗产资源标识规范与标识管理服务系统开发；非物质文化遗产资源数字化公共服务平台构建；服务于非物质文化遗产资源公益服务与商业运营并行互惠服务模式创新的技术研发等。

3. 影视传媒

（1）行业总体发展趋势

互联网时代颠覆了传统的信息传播渠道与方式，重塑信息内容框架，重新分配话语权，进而改变影视传媒产业规模与结构，以及诸多关联产业的生存逻辑和运行规律，甚至对政治与社会结构产生潜移默化的影响。习近平总书记在中共中央政治局第十二次集体学习时强调，要"大胆运用新技术、新机制、新模式，加快融合发展步伐，实现宣传效果的最大化和最优化"。新技术、新模式对影视传媒行业的影响主要体现在对表现载体、传播效果和互动传播的影响三个方面，影响传播的广泛性和互动性、即时性和实时性、融合性和深入性。2016 年 7 月，原国家新闻出版广电总局①印发的《关于进一步加

---

① 2018 年 3 月，十三届全国人大一次全体会议表决通过并批准了国务院机构改革方案的决定，在国家新闻出版广电总局广播电视管理职责的基础上组建中华人民共和国国家广播电视总局，不再保留国家新闻出版广电总局。

快广播电视媒体与新兴媒体融合发展的意见》提出，要加快融合型技术体系建设，抢占网络信息技术制高点，开展云计算、大数据、智能技术等关键共性技术研发和应用，完善以云平台、大数据等先进技术为核心的广播电视融合技术支撑体系。2018年11月，国家广播电视总局印发的《关于促进智慧广电发展的指导意见》提出，要"推动广播电视从数字化网络化向智慧化发展，推动广播电视又一轮重大技术革新与转型升级，从功能业务型向创新服务型转变"。也是自2018年起，"中国新闻奖"增设媒体融合奖项，设立短视频新闻、移动直播、新媒体创意互动、新媒体品牌栏目、新媒体报道界面和融合创新等6个项目。可见，科技和影视传媒融合发展已经成为文化和科技融合的重要领域。

在技术发展、需求推动和政策指导下，我国影视传媒行业呈现出四大发展趋势。一是传统媒体不断推进融媒体平台建设和产品创新。截至目前，全国已有近80%的党报建设了自有App，近75%的党报入驻了聚合新闻客户端，传统媒体在拓展和发展新媒体平台的过程中，业务从新闻信息服务向外延伸，逐渐实现从单一信息生产者向兼具公共服务的平台转型。如，广西日报社主办的广西云客户端，逐步从新闻App向"新闻+党建+政务+服务"App迈进。二是智能交互技术推动传统媒体从数字化转型进入智能化发展阶段。智能化技术带来的个性化、交互性深刻影响着媒体的节目制作与播出，内容产品得以更懂互联网，更了解用户心态，具备了更强的承载力和表现力。又如，芒果TV将人工智能技术运用于节目的选材和制作中，将AI运算与社会热点话题联系起来，开发出"妻子的浪漫旅行"等节目；南方财经和科大讯飞联合推出"人工智能语音主持人"；第五届世界互联网大会上，新华社与搜狗联合发布了全球首个"AI合成主播"。三是媒体融合使影视传媒产业呈现整体繁荣的局面。截至2022年，全国网络视听用户规模达10.4亿人，是十年前的近3倍；网络视听服务机构总收入6687.24亿元、同比增长23.61%，网络视听相关业务收入4419.80亿元、同比增长22.95%，网络视听产业规模是十年前的20多倍，网络视听成为第一大互联网应用类别，且行业重心转移至内容品质的持续提升以及类型题材和商业模式的创新上。节目的制作流程、编播调整方式也有较大改变，"云录制"等制作方式相继出现，全年共有426部网络电影、251部网络剧、330部网络动画片、8部网络纪录片、336部网络微短剧上线备案。短视频成为用户黏性最高的互联网应用,超六成用户每天观看短视频。同时,短视频始于娱乐但不只是娱乐,正不断向新闻、电商、旅游、广告、教育等应用场景渗透,逐渐成为互联网底层应用,用户规模达10.12亿人。以短视频为底层应用的网络直播,助推形成了"媒体+电商""媒体+资本""媒体+电竞"的新模式,使媒体变现渠道更加多元,内容产业链日益完善。四是电视内容优势与新媒体平台优势结合形成新的广告和销售模式。"直播+"实现全面赋能,与电商、游戏、教育、助农等领域深度融合。其中,"直播+电商"增长最快,成为助推我国经济"内循环"的重要力量。

(2)云南发展现状

在政策和市场推动下,云南积极探索传统媒体和新媒体融合发展模式,拓展新媒体平台的二次传播渠道,持续拓展新业务、新业态,广播电视新媒体影响力与日俱增。云南省委宣传部与新华社合作,采取央地联动方式,打造了省级融媒体中心指挥平台——云南省媒体融合指挥平台,主要包括融媒集聚、数据监测、指令下达、可视呈现等功能模块,以向内融合资源、向外差异定位、平台联动、协同发展的理念,运用领先的融媒体技术实现各级媒体和县级融媒体中心数据共通、资源共享,依托"媒体资源数据库"对各级媒体和县级融媒体中心统一监管和指挥,推动"上联下延,共同发声"的云南融媒体生态圈建设。

2022年,云南省广播电视行业总收入78.84亿元,同比增长13.85%。其中,广播电视和网络视听业务创收46.38亿元,同比增长23.7%。具体来看,2022年,全省网络视听互联网视频累计用户数达677.65万人(次),年度独立访客415.21万人(次);互联网音频累计用户数达250.4万人(次),年度独立访客147.6万人(次);短视频累计用户数达1417万人(次),年度独立访客640万人(次)。值得注意的是,在传统广播电视广告收入下降的情况下,新媒体广告收入大幅增长。全省广告收入11.92亿元,同比增长2.32%。其中,传统广播电视广告收入8.46亿元、同比下降17.46%,广播电视和网络视听机构开展报刊广告、楼宇广告、户外广告、品牌推广等其他广告收入1.07亿元、同比下降22.43%,广播电视和网络视听机构通过互联网取得的新媒体广告收入2.39亿元,与上年收入0.08亿元相比,实现大幅增长。

自身发展的同时,云南积极推动网络视听行业与经济社会融合发展,发力 5G 流量视频新生态社交电商，推动云南资源数字化、产业数字化发展。在新闻宣传方面，云南网在短视频平台着重发力，凭借自身运营能力和优质内容优势，拓展了短视频领域的发展空间，通过全媒体传播矩阵，不断讲好云南故事，传播云南好声音，2020 年 4 月，云南网抖音号播放量突破 1 亿。在零售和助力脱贫攻坚方面，打造了"一部手机云品荟"农产品综合服务平台，启动"云南省级新媒体直播基地"建设，建设新媒体电商公共服务平台，为培育新媒体电商新业态提供了有力支撑，推动了新媒体与实体企业融合共生，助力乡村振兴，助推云品出滇。

（3）融合发展存在的主要问题

新媒体技术打破了原有的影视传媒传播方式、渠道、时效等，为影视传媒的创新发展拓宽了视域，促进了影视传媒行业的高质量发展。但融合发展方面还存在一些问题，与新时代文化传播需求还有一定差距。一是技术和内容"两张皮"的问题依然存在。有的媒体单位把技术平台变成对外撑门面的"花瓶"，名义上各种平台都有了，但实质上，没有发挥应有的作用，甚至建好后就束之高阁；有的媒体创办了自己的网站，但只是将其作为传统媒体内容转载的平台而存在，甚至变成了"僵尸"网站。造成这种现象的主要原因是对媒体融合发展的认识不够深刻，同时，缺乏自主可控的技术。二是缺乏"既专又能、一体多用"的新型全媒体复合型人才。云南无论是大数据、云计算，还是"中央厨房"，许多支撑新媒体发展的关键共性技术，均主要依靠"服务外包"完成，缺乏自己的新媒体技术人才和研发团队，在技术支撑上受制于人，部分新闻采编人员对新设备和新系统掌握不全面、使用不熟练，工作效率低。三是对算法推荐依赖性过强。算法推荐有效过滤了用户不感兴趣的内容，但从另一方面来看，如果用户兴趣发生变化或者有新内容出现时，就很难及时接收和做到新旧内容对比与兴趣转变。影视传媒行业与科技融合最主要的表现之一就是融媒体的发展，但是云南现有的技术和平台尚不能贯穿影视传媒作品创制所有环节，不能完全满足媒体融合发展需求，建立真正意义的全媒体融合"中央厨房"还需要较大资金和技术投入。

（4）科技创新需求

云南影视传媒和科技深度融合发展的重点是推进媒体融合发展，即影视媒体融合服务技术集成与应用。科技创新需求集中在：虚拟现实与互动影视融合技术研发；实时表演捕捉、虚拟摄影、可视化预演、立体 3D 等实时交互虚拟化电影制作技术与系统研发；全景电影、虚拟现实电影、增强现实电影实验装置研发；业务认证与授权、视听内容聚合与版权管理的媒体融合制播与集成播控云平台研发；影视传媒领域公共技术服务平台构建。

4. 文化演艺

（1）行业总体发展趋势

以文化演艺为核心的演艺产业是文化创意产业的重要组成部分。近年来，各地区都十分重视文化演艺在当代社会政治、文化以及经济发展中的作用。自 1997 年《宋城千古情》正式公演以来，我国文化演艺也正式进入了 1.0 时代。2004 年《印象刘三姐》问世，开启了山水实景演艺新时代。此后，灯光秀、沉浸式演艺等新形式不断涌现，文化演艺市场也在不断蜕变升级，行业规模逐步扩大。2022 年，全国文化演艺剧目由 2013 年的 187 台增至约 400 台，10 年时间翻了两倍多，北京市世园公园的草莓音乐节、河北省秦皇岛市的阿那亚演艺、山西省晋中市的《又见平遥》等 40 个精品演艺项目入选文化和旅游部首批全国旅游演艺精品名录。2023 年，国内旅游业开始复苏，文化演艺出现报复性增长，仅上半年票房收入达 70.55 亿元，是 2022 年的两倍多。目前，我国文化演艺行业总体呈现出 3 大趋势：一是在"双循环"战略推动下，演艺需求大增，山西、浙江等省积极推动 4A 级以上旅游景区全部配备文化演艺项目；二是文化演艺进入新一轮创新时代，不断涌现出新模式、新作品，显示出旺盛的生命力；三是文化演艺 IP 时代到来，省会城市成为文化演艺项目开发热点，演艺主题公园模式开始呈盛行趋势。

文化演艺行业的发展，是文化演艺及其相关行业的全面进步。舞台表演的成功，也已经不仅仅是对某项技术的纯熟应用，而是演艺技术的集成创新发展，也是演艺装备的重大创新发展，使得声、光、电、网等技术与表演、拍摄紧密结合，实现艺术呈现层面的突破，产生震撼的视觉效果。如，庆祝中国共产党成立 100 周年文艺演出所使用的 LED 显示屏，是 1 个近 1 万平方米、拥有 2 亿个像素点、由 12 个 4K 分辨率的弧形屏幕组成的巨型显示屏，它不是锦上添花的舞台背景，而是演出的重要一部分。显示屏与表演的完美结合，涉及系统设计环节对信号传输、设备供电采用双倍可靠性设计，制造环节提高设备出厂的环境可靠等级要求，安装环节采用模具转换连接工艺应用等，这些技术使得艺术表现与不同光源种类色彩亮度搭配完美融合，也标志着我国文化装备相关技术达到国际先进水平。

（2）云南发展现状

云南作为旅游大省，在旅游业和文化产业大发展、大繁荣的背景下，旅游演艺已从几台戏演变成为一个带动旅游和文化产业共同发展的新颖的文化旅游产品和新兴文化旅游行业。2003年，大型原生态舞剧《云南映象》面市，开创了中国原生态民俗文化演艺的先河，这一创新产品也因其独特的艺术感染力和舞台效果成为一个在云南广获好评的旅游衍生品。此后，在云南旅游的业态结构中，文化演艺成为增长最快的新业态，以本地文化为主调的实景演艺与旅游产业迅速融合，有力推动了云南文化和旅游的互动发展，形成了以昆明《云南映象》，丽江《印象·丽江》《丽江千古情》，大理《云南的响声》《希夷之大理——望夫云》，西双版纳《傣秀》《勐巴拉娜西》，腾冲《梦幻腾冲》等为代表的文化演艺产品。云南文化演艺产品以其深厚的文化内涵和地方特色，形成较高的内在品质、公众知晓度和社会认可度，也逐渐发展成为我国旅游文化演艺的知名品牌。2019年10月，中国演艺设备技术协会云南办事处成立。2022年，云南省文化和旅游厅等12部门联合印发了《云南省关于文旅行业的纾困帮扶措施》，出台了《新创作旅游演艺歌舞艺术精品或高品质大型演艺节目奖补方案》，采取以奖代补的方式给予20家文化演艺企业纾困稳岗资金补助。不难看出，在文化旅游产业大发展的时代背景下，文化演艺这一新业态正呈现出越来越高的商业价值和越来越大的产业延伸空间。

（3）融合发展存在的主要问题

多年来，云南在文化演艺与科技融合发展方面进行了积极探索，但在文化演艺方式、展示平台、包装、营销等多个方面的新技术研发和应用还有很大提升空间。一是创新主体整体实力不强。云南在创作团队、创作手段、舞台装备等方面均缺乏核心竞争力，多数文化演艺节目的编排都是与省外公司或导演合作，唯一的上市公司云南杨丽萍文化传播股份有限公司，也在新冠疫情期间受到较大影响，而该领域头部企业杭州宋城旅游发展股份有限公司，是世界演艺市场的剧院数第一、座位数第一、年演出场次第一、年观众人次第一、年演出利润第一的企业。二是科技手段对内容创作的支撑不足。云南市场上一些文化演出节目大众接受程度不高，一些旅游演出仅仅是把文化节日变成了一场沉浸式旅游活动，反而忽视文化内涵的挖掘和表现，随着观众自身素质的提高，缺乏长久的生命力。三是内容和技术存在失衡风险。一些文化演艺产品开发和演艺过程中，过度追求和依赖现代技术和装备的展现和辅助，一定程度上淡化或忽略了文化演艺项目本身的文化特征和艺术内涵，文化演艺和科技的深度融合存在潜在的失衡风险。

（4）科技创新需求

云南文化演艺和科技深度融合发展的重点是演艺创编、交互体验技术和智能演艺装备的研发与应用。科技创新需求集中在：增强舞台艺术表现力的声光电综合集成应用技术研发；虚实互动协同展演设计与布景呈现、三维成像与智能交互、声光电一体控制与多维综合展演等技术研发；展演时空变换、虚实与视听呈现、实时监测与智能调度、虚拟现实互动引擎、跨平台高清显示与控制等系统与装备研发；文化互动实景展演系统、建筑文化艺术设计技术体系和解决方案的研发，实现民族文化艺术与现代展示技术的有机结合。

5. 新闻出版

（1）行业发展总体趋势

随着大数据、云计算、人工智能等新技术在新闻出版业的应用，新闻出版的载体形态、传播方式、传播效率等都发生了巨大变化，行业发展进入一个崭新的时代，转型升级成为新时代新闻出版业的必然选择。我国数字出版产业从"十一五"时期开始起步，至"十二五"时期进入发展"蓝海"，"十三五"时期被写入国家国民经济和社会发展规划纲要。2008年，原国家新闻出版总署①批准成立国家级数字出版基地，设立国家数字出版项目补助基金，为数字出版相关企业提供政策扶持。2016年，原国家新闻出版广电总局②印发了《新闻出版业数字出版"十三五"时期发展规划》，提出实施数字出版产

---

① 国家新闻出版总署：2013年，根据《国务院关于机构设置的通知》（国发〔2013〕14号），为促进新闻出版广播影视业繁荣发展，将新闻出版总署、广电总局的职责整合，组建国家新闻出版广播电影电视总局。

② 国家新闻出版广电总局：2018年，根据第十三届全国人民代表大会第一次会议批准的国务院机构改革方案，在国家新闻出版广电总局广播电视管理职责的基础上组建中华人民共和国国家广播电视总局，不再保留国家新闻出版广电总局。

业化应用服务示范工程、全民数字阅读推广工程、少数民族文化数字出版促进工程、数字出版创新促进工程、数字出版千人培养计划等重点项目，旨在以科技创新和应用支撑新闻出版业全面繁荣发展。同年，原国家新闻出版广电总局还印发了《全民阅读"十三五"时期发展规划》，提出"组织开展专题数字阅读活动，大力提高全民数字阅读率""基本建成数字出版公共文化服务体系"。中国新闻出版研究院自 2017 年开始，每年组织召开全国新闻出版单位数字出版工作交流会，探讨推进传统出版业数字化转型、推广普及数字阅读、人才培养等发展对策。2022 年 4 月，中共中央宣传部印发《关于推动出版深度融合发展的实施意见》，提出"构建数字时代新型出版传播体系"的总体思路，数字出版行业迎来新的发展契机。

在各方推动下，我国数字出版业蓬勃发展，2018 年被列入国家战略性新兴产业目录，发展势头持续向上。2022 年，全国数字出版业总收入达到 13586.99 亿元，比上年增加 6.46%。其中，互联网期刊收入 29.51 亿元、电子书收入 69 亿元、数字报纸（不含手机报）收入 6.4 亿元、博客类应用收入 132.08 亿元、网络动漫收入 330.94 亿元、移动出版（仅包括移动阅读）收入 463.52 亿元、网络游戏收入 2658.84 亿元、在线教育收入 2620 亿元、互联网广告收入达 6639.2 亿元、数字音乐收入达 637.5 亿元。

总结我国数字出版业的发展，呈现出三大特点。一是传统书报刊数字化收入呈现上升态势，2022 年，互联网期刊、电子图书、数字报纸的总收入为 104.91 亿元，相较于 2021 年的 101.17 亿元，增幅为 3.6%。二是在线教育等新兴板块发展势头较好，以人工智能为代表的新技术的应用，推动在线教育进入稳定发展阶段，国家职业教育智慧教育平台、智慧中小学教育平台等陆续上线。三是网络文学成为数实融合的重要纽带，截至 2022 年底，全国累计上架网络文学作品 3400 余万部，占数字阅读整体上架作品总数的六成以上；网络文学作家数量累计超过 2200 万人；重点网络文学网站新增注册作者 260 多万人，同比增长 13%，年度新增签约作者 17 万人，以"90 后"为代表的青年作者逐渐成为网络文学创作的中坚力量。

（2）云南发展现状

国家对少数民族、特色项目的关注为云南数字出版业的发展带来了难得的机遇。在国家有关部门的支持和推动下，云南出版业各企业积极推动数字化转型,目前大多数传统出版企业都成立了数字出版部门,并安排专人负责数字出版业务,已逐步理顺数字化转型思路,制定了数字出版发展规划,主要有以下四个方面成效。

一是数字化平台建设初见成效。2010 年,云南人民出版社率先开展手机出版业务,在西南地区同行业手机出版收入中处于领先地位。2012 年,云南出版集团与省总工会、中国移动云南公司共同推出的"云南省职工手机书屋"平台,为全省约 500 万名工会会员提供优质图书下载资源,还自主研发了"信云智慧融媒体生态系统平台",实现融媒体生态系统集群的建设、管理、运营和维护,并在此平台基础上,研发了"信啦""南望"两个融媒体应用产品。

二是转型示范单位发挥模范引领作用。目前,云南教育出版社、云岭先锋杂志社、云南画报社是国家级"数字出版转型示范单位",云南教育出版社、云南大学出版社、云南音像出版社、云南日报报业集团、昆明日报社、红河日报社、玉溪日报社、迪庆日报社、云南法制报社、云岭先锋杂志社、现代物业杂志社、云南画报社等 12 家出版企业为省级转型试点单位。云南教育出版社通过实施"云南多民族语言基础教育数字资源聚合与投送服务系统及其应用示范"项目,研发了 18 种少数民族语言文字的数字出版技术,并为全省尤其是少数民族地区开展汉语、民族语、外语"三语"教学提供资源支持。云南画报社实现了纸媒新媒融合发展,每年有效阅读人群约 3000 万人次。

三是内容资源实现聚合分发共享。云南多数出版企业都建立了自己的网站,并不断拓展网站功能,整合内容资源,把网站建设成宣传、服务、互动交流、电子商务与数字出版的综合性平台。云南教育出版社是较早启动数字化转型的出版社,该出版社通过搭建全媒体数字出版平台,实现了传统媒体与新媒体在同一个平台上统一策划、统一生产和统一管理,并利用中央文化产业专项扶持基金实施了云南出版动漫数字化中心项目,与掌阅公司、腾讯动漫频道合作,实现了纸媒与新媒体的线上与线下内容资源分发共享。

四是主流舆论阵地不断壮大。为适应新时期舆论宣传的新特点,省、州(市)党报建立了新闻网站,党刊开办了数字报刊,利用数字平台增强网络舆论宣传能力。云南省委外宣办主办的"云桥网",是目前我国运用语种版本最多的面向西南的大型多语种门户网站。怒江日报社、西双版纳日报社、迪庆日报社均建立新闻网站，并开通了多语种版，这些平台的建设对巩固少数民族地区舆论阵地、提升对外传播力具有重要意义。

（3）融合发展存在的主要问题

总体上看，云南传统新闻出版业数字化转型升级取得了一定的成绩，但是不少出版企业还是仅停留在建网站、开微博和微信、与运营商签订各种委托数字化协议的阶段，对数字出版本质缺乏更深入的研究，对数字出版技术缺乏更广泛的应用，数字出版业尚未形成产业化和规模化。一是自主创新能力不足。出版企业由于自主研发能力不足，数字出版业务往往是与移动、联通或电信三大移动运营商合作，依靠其成熟的运营模式和技术平台，将已有的内容资源数字化，此种模式下出版企业主动权和主导力不够，仅仅是内容提供者，所得利润极为微薄，作为云南数字出版业翘楚的云南日报报业集团，其数字出版业务营业收入占其总营业收入的比重也微乎其微。二是缺乏统一的数字技术行业标准。云南虽然有不少企业开展了数字出版技术系统和装备系统相关研发，但由于缺乏行业总体标准，元数据和信息交换格式等存在一个单位一个制式，一个地区一个标准，不能互联互通，无形中增加了研发投入，且运行效率不高。三是缺乏适应发展需要的复合型人才。由于云南出版行业的主要盈利点依旧是图书、音像、电子等传统出版模式，数字出版的"辅业"意识根深蒂固，因此，对数字出版专业人才的引进和培养重视不够，尚未建立适应数字出版发展的教育和培训体系，高等学校也尚未设立与数字出版相关的本科专业及课程体系。同时，理论教学与实践存在脱节现象，现有的培训体系大都是在政府倡导下的培训模式，针对企业不同需求的、以市场为导向的培训体系尚不健全。四是知识产权保护力度不够。数字出版技术性较强，出版速度与规模远超传统出版方式，网络侵权行为极易向社会各行各业延伸，而其与虚拟化网络平台的结合，更使其生产和商业化过程中的侵权者身份难以认定，无法进行有效打击。现有的法律法规主要针对传统出版关系，已不能充分满足信息化时代出版行业发展需求，导致各类案件侦破难，有时一年仅破获1起网络侵权盗版案件。昆明市是从2018年才开始对网络出版案件进行侦破，并首次对微信公众号类网络出版物（违禁类）进行行政处罚。因此，虽然云南传统出版企业拥有丰富的内容资源，但是因为数字版权保护乏力，也很难实现数字化出版。

（4）科技创新需求

云南新闻出版和科技深度融合发展的重点是数字出版技术的集成应用。科技创新需求集中在：全媒体资源管理与集成技术、语义分析搜集及自动分类标引技术、多介质多形态内容发布技术等数字显示技术；数字印刷和绿色环保印刷技术；数字版权保护关键共性技术；数字出版技术行业标准；培育电子图书、数字报刊、数据库出版、手机出版等数字出版新兴业态。

6. 会展

（1）行业发展总体趋势

会展产业与旅游业、房地产业被经济学家并称为三大新经济产业，目前，已经成为我国第三产业的重要组成部分，数量与规模正以每年 20% 的平均速度递增。近年来，我国会展业依托互联网、大数据等技术不断进行自我革新，提倡为会展经济中的各方主体提供更加便捷的服务，以期为城市经济建设作出更大贡献。2015 年，国务院印发《关于进一步促进展览业改革发展的若干意见》，明确提出应加速会展业的信息化进程，发展新兴展览业态，举办网络虚拟展览会，形成线上加线下有机结合的会展新模式。此后，多个地方政府也陆续出台与会展业相关的激励帮扶措施，部分城市还将智慧会展的发展纳入城市整体规划中。如，上海市在 2020 年 3 月发布了全国首个会展业地方性法规《上海市会展业条例》，提出要逐步推进智慧场馆开发建设，激励支持线上会展等新业态发展，推动线上线下会展的有机融合。四川省成都市也启动了"IES 智慧会展平台"建设，开始探索智慧会展经济发展的新模式。还有的地区尝试使用三维建模技术增强展览或会议的现场效果，未来将有可能实现访客出现在虚拟场景中身临其境观看会展的体验，使得线下展览的搭建与视觉设计理念可以同样在线上实现。在线上展会中，访客体验停留的时间将更久，因为人工智能和机器学习工具等的应用使会展更具交互性，也更具魅力。从品牌宣传的角度来看，线上会展可以创造更为津津乐道的话题，全场活动记录也可以在结束后更好地保留下来。

2020 年以来，商务部等部门多次提出要鼓励和支持地方政府、重点行业协会举办更多的线上展会。随着数字经济与展览经济的交汇融合，大数据和智能化将更有力地推动会展业态、模式和管理服务创新，AI 等新技术将赋能展览业高质量发展，展馆管理的数字化将推动客商有效对接，可见，线上线下结合的模式是会展行业未来发展的主要趋势。

（2）云南发展现状

云南会展产业主要集中在滇中地区，尤其是昆明市，曾有规划提出要将昆明市建设成为面向"两亚"的会展之城，将滇中地区建设成西部会展产业集聚区，将云南建设成会展产业强省。"十三五"期间，昆明市累计举办展览 566 场，累计举办会议 124 589 场，累计举办节庆活动 878 场，会展活动直接营业收入达 132.09 亿元。2021 年 4 月，官渡区人民政府和昆明市商务局共同打造的昆明市会展产业聚集区正式揭牌运行。2021 年，会展活动数字化进程加快。2021 年南亚东南亚国家商品展暨投资贸易洽谈会（简称南博会）线下展览全部取消，部分线下展览通过"南博会数字化平台"举办，2.7 万余家展商"云上"参展。据统计，"南博会数字化平台"累计注册参展商 27 929 家，采购商 11 693 家，主办方通过线上平台为参展商提供线上展览展示、会议洽谈、在线直播、电子签约、职能撮合等服务，越南驻昆总领事、缅甸驻昆总领事进行了直播带货。2022 年、2023 年两届南博会都是采取线上线下"双线融合"的方式举办，依托"南博会数字化平台"，突出"云上南博会+实体展"特色，实现线下展览线上呈现功能，完成特色专题展示内容对接。同时引入"南博会+直播"，邀请南亚国家使领馆官员、留学生到南博会开展推介和宣传。各国展商、观众可实现"云"参展、"云"洽谈、"云"签约、"云"采购。

（3）融合发展存在的主要问题

云南正在不断做大做强会展经济，但是从发展现状来看，会展产业基本还是运用传统展览模式，对新技术的利用与发达省市相比还有一定差距。一是企业数字化转型成熟度不高。企业数字化转型一般分为朦胧期、反应期、进展期、沉浸期、成熟期 5 个阶段，而云南会展企业主要集中于第二个阶段（反应期），总体而言，会展主（承）办单位的数字化成熟度还不高，转型的空间很大，转型的任务依然很重。二是缺乏新技术、新模式支撑。目前，会展产业最常见的数字化技术运用主要是参展报名、展商直播、参展商展览展示（包括虚拟展厅、线上展商小站）等，技术手段较为单一，缺乏成熟的数字会展商业模式。三是缺乏数字会展运营人才和运营经验。会展产业需要更具现代化的创新思维，拥有全球化视野的复合型人才队伍。

（4）科技创新需求

云南会展和科技深度融合发展的重点是客户连接、运营流程和产品创新三大流程数字化重构技术。科技创新需求集中在：精准搜索、智能推荐、在线直播、内容管理、虚拟展示、预约洽谈、客户分析等更好地服务展商和观众的数字技术研发。对从业人员开展互联网业务培训，打造一支能够熟练掌握运用新技术新手段的会展营销队伍。

（三）路径选择

1. 促进文化产业链和科技创新链有机衔接

围绕文化和科技融合重点产业和企业需要，依托文化科技相关园区、基地等载体，通过政府引导，搭建文化和科技协同创新平台，推动科技企业创新链与文化产业链有机融合。全面梳理和系统分析科技企业资源状况和文化产业发展现状，关注文化产业"资源—创意—生产—传播—体验"各环节的技术需求，关注技术领先、产业化前景好的科技成果，促进科技企业创新链和文化产业链精准对接。

2. 推动文化资源数据收集和互联互通共享

制定数据标准，促进文化资源数据统一规范。重点突破文化资源分类与标识、数字化采集与管理、跨集群通信与数据迁移等关键共性技术，对共性数据资源进行统一梳理，制定数据接入、数据描述、数据管理、数据访问等统一的标准规范，从基础架构层面解决分散异构的数据在存储、管理和计算分析等方面的问题，加快推进产业上、中、下游全产业链数据资源整合，加强公共数据开放共享，提升公共服务平台的可用性和易用性，以海量、优质的数据资源供应，促进优质 IP 生成和产业化运营，全面激发文化产业创新创造活力。

3. 拓展文化科技重点应用场景

推动文化科技在夜间经济、全域旅游、公共文化服务等重点场景的应用，拓展文化科技应用场景边界，拓宽文化科技内容价值实现渠道。利用光影科技、多媒体、沉浸式等手段，促进夜间景观改造以及夜间演艺、夜间文化体验项目发展，提高夜间经济供给质量。借助 5G、物联网、大数据、云计算等技术，加快全域旅游"内容生产—内容呈现—互动参与—服务管理"全链条的数字化、智能化进程。通过文化科技应用，助推博物馆、美术馆、纪念馆、图书馆、文化馆等公共文化服务机构文创产品打造和智慧场馆建设，推动公共文化服务走向文化消费市场。

4. 积极培育发展文化科技新业态

通过 5G 技术，释放高清视频、AR、VR 等技术的潜力，拓展现实空间与虚拟空间的场景创新，增强可视化、交互性、沉浸式体验特性，培育和发展文化产业新业态。如，将 5G 技术与 VR、AR 技术、裸眼 3D 技术相结合，发展沉浸式娱乐新业态；将 5G 技术与物联网技术相结合，发展智慧旅游，实现刷脸进景区、全景直播、实景游戏、虚拟场景演示等功能，提升旅游体验。

5. 利用人工智能辅助文化内容创作生产

让人工智能参与烦琐复杂有规律的文化内容创作生产，做好技术辅助，告诉人们创作规律，把需要的素材进行整理，让设计师集中精力进行创意和创作，从而提高文化产品创作生产效率，促进文化科技产品和服务规模化、集约化发展。如，阿里的人工智能设计师鲁班 AI，通过机器学习、需求理解、草图框架制作、文化元素补充、细节完善、系统选择最优方案、输出消费终端一系列全智能化流程，能达到日均设计 4000 万张海报的能力。这些技术极大地解放了设计师，使设计师能专注高端创意，也有效推动了商品的触达率和展现率。

六、促进云南文化和科技深度融合的对策建议

文化和科技深度融合是新时期加快建设文化强国的重大课题，必须立足云南特色，发挥云南优势，抓住重点领域和关键环节，持续深入推进。为此建议：开展云南省文化科技创新行动计划，实施现代文化科技创新体系建设工程、文化科技研发和成果转化工程、文化和科技融合载体培育工程、文化科技复合型人才引培工程、文化科技大数据服务工程和文化和科技融合组织

管理保障工程"6大工程"，着力拓展文化和科技融合的广度和深度，运用高新技术改造传统文化产业，培育新的文化业态，增强文化产品的表现力、吸引力和感染力，努力把科技创新的最新成果贯穿于文化事业文化产业发展的各个方面；着力提高文化和科技融合的集约化水平，集成资源、集聚优势，打造一批带动性强的文化科技企业和企业集团，建设一批特色突出、产业链完备的文化和科技深度融合示范基地，培育一批拥有自主知识产权、具有核心竞争力的文化科技品牌；着力抢占文化和科技融合发展的制高点，坚持产学研相结合，加强文化科技基础技术研发，加快高新技术引进、吸收、再创新，加强科技成果转化应用，不断提升文化科技的自主创新能力；着力形成与经济社会发展水平相称的传播能力，构建现代文化传播体系，推进媒体融合发展，提升文化传播的数字化水平，保障信息传播的高效快捷和安全有序。

(一) 现代文化科技创新体系建设工程

建设以政府为主导、企业为主体、市场为导向、政产学研用相结合的现代文化科技创新体系，构建体系完备、相互支撑的文化科技创新格局。

1. 加强文化科技创新平台建设

依托高等学校、科研院所和文化科技企业，在教育、融媒体、现代信息技术、先进装备制造等文化科技相关领域，培育建设一批省级重点实验室，布局建设一批省级技术创新中心、制造业创新中心，择优建设一批省级企业技术中心，鼓励研究领域、方向相近的高等学校、科研院所和文化科技企业跨领域联合组建一批高水平教学科研实验平台，切实提升人才培养、学科建设、科技研发三位一体创新水平，增强原始创新能力和服务经济社会发展能力。支持符合条件的创新平台创建文化和旅游部重点实验室和技术创新中心，或升级为国家级创新平台。

2. 加快文化科技创新公共服务平台建设

培育和发展面向社会从事文化领域科技咨询、创业孵化、技术评估、科技金融、知识产权服务机构，提供专业和综合科技服务，延伸科技创新服务链。鼓励文化科技企业与高等学校、科研院所共建多媒体渲染服务平台、数字出版平台、多媒体演艺虚拟舞台、版权综合业务公共服务平台、版权产业融资与文化金融中介交易平台等，促进产业资源的整合共享。

3. 培育壮大文化科技创新主体

围绕文化旅游、数字出版等重点产业，引进一批行业领军企业、龙头企业、骨干企业，培育一批高新技术企业和科技型中小企业，构建多层次文化科技企业梯队。支持文化科技相关企业联合上下游，牵头组建创新联合体，承担国家和省重大项目。支持具有核心技术研发能力、拥有原创品牌、市场竞争力较强的龙头和骨干企业打造文化科技品牌。大力发展文化科技领域新型研发机构，支持其融合开展基础研究、应用基础研究，产业关键共性技术研发、科技成果转移转化、企业孵化，以及公共研发服务等。

（二）文化科技研发和成果转化工程

完善政策体系和成果转化服务平台建设，推进文化科技领域关键共性技术、重要装备、系统、平台等研发攻关和成果转化推广。

1. 设立省级文化科技重点研发计划

在省级重点研发计划中设立文化科技专项，采取直接补贴、以奖代补、贴息等方式，开展文化资源分类与标识、数字化采集与管理、多媒体内容知识化加工处理、VR/AR虚拟制作、基于数据智能的自适配生产、智能创作等文化生产技术研发；文化产品多渠道发布、多网络分发、多终端呈现等文化传播技术研发；文化产品价值评估与版权交易、基于大数据的个性化推荐、文化产品与服务质量评测等文化服务技术研发；文化资源保护与开发利用、知识产权保护与侵权追踪、舆情分析与内容安全监管、文化艺术品鉴定等文化管理技术研发，推动科技创新成果转化为文化消费领域可触可感的项目、产品和服务。支持文化科技企业、高等学校、科研机构联合参与制定国家和国际文化行业技术标准。力争到2025年，突破30项关键共性技术，形成一批文化科技领域核心装备。

2. 推进文化科技成果供需对接

完善文化技术交易市场体系，在建设和完善云南省技术市场过程中，强化文化领域有关技术交易板块设计，为文化科技创新成果发布和产权交易提供服务。支持文化资源富集地区的县（市、区）科技成果转化中心，深入挖掘科技需求、开展供需对接、推广应用科技成果。鼓励高等学校、科研院所建立专业化技术转移机构和职业化技术转移人才队伍，畅通技术转移通道。鼓励企业、个人参加国内外文化会展活动，定期开展文化和科技融合成果展览交易会，打造交流对接平台，推动创新与需求、技术与产品、项目与资金之间的有效对接。

3. 推进文化和科技融合重点领域场景建设

强化科技成果转化示范，选择文化旅游、文化遗产传承与保护、影视传媒、文化演艺等文化和科技融合重点领域的新技术和新产品，建立政产学研用协同推进机制，开展规模化应用示范，促进创新链和产业链深度融合，进一步推动技术和产业的迭代升级。依托重大场景驱动科技成果转化，面向文化旅游等重点领域重大科技创新需求，大力拓展应用场景，引导企业、高等学校、科研院所提供满足需求的重大科技成果，以需求为导向推动重大科技成果转化应用。

（三）文化和科技融合载体培育工程

高质量建设一批文化科技产业园区、示范基地，加快推进文化科技企业向园区集聚，形成示范带动效应。

1. 加强文化科技产业园区建设

重点支持昆明高新区、云南金鼎文化创意产业园、中关村电子城（昆明）科技产业园等各类科技园区建立文化创意产业集聚区，积极引进具有较强研发实力的产业链关键环节的核心企业，带动和吸引处于产业链上下游的中小文化企业向园区聚集发展，促进生产要素和文化资源整合，实现规模化生产和专业化分工。加快园区文化科技公共服务平台建设，重点构建创意设计、数字出版、新媒体应用、内容开发等公共技术平台，以及投资融资、信息咨询、产品营销、人才培训等公共服务平台，为企业发展提供全方位服务。加强园区科技企业孵化器建设，搭建产学研结合平台，推进协同创新和合作研发，帮助文化企业提高研发水平，降低研发成本，推动创意成果和科研成果尽快转化为生产力，促进中小文化企业特别是初创型企业孵化和成长。力争到 2025 年，建成一批国家文化和科技融合示范基地和国家旅游科技示范园区等文化科技创新示范载体。

2. 启动省级文化和科技融合示范基地认定

学习陕西等省市做法，制定《云南省文化和科技融合示范基地认定管理办法》，布局一批文化和科技融合示范基地。立足文化资源禀赋优势，突出少数民族文化、非物质文化、传统村落文化、边疆地缘文化4大特色，以文化旅游、传统文化资源保护和开发利用、广播影视、数字传媒、文化艺术展演等为重点领域，进行差异化布局和建设。鼓励昆明高新区、云南金鼎文化创意产业园等国家及省级高新区、文化产业园区和国家可持续发展议程创新示范区，省级可持续发展实验区和国家历史文化名城等区域创建省级文化和科技融合示范基地，开创"产业上归入基地，地理上分布全省"的文化和科技融合发展新局面。

3. 加大对现有文化和科技融合重点园区建设支持力度

重点是加大对昆明、丽江两个国家级文化和科技融合示范基地的指导和支持力度。从昆明来看，建议省科技厅、省文化和旅游厅等有关部门加大支持力度，整合各类文化创新要素和科技资源，重点推进数字传媒、创意设计、数字内容服务等领域技术创新、产品创新和模式创新，推动广告、动漫、设计等文化创意产业与高原特色现代农业、旅游、装备制造、工艺美术等优势产业结合，形成创作、生产和销售"一条龙"的产业链，建设文化和科技融合发展的升级版文化产业示范基地，提升各产业的文化附加值和发展水平。从丽江来看，建议省科技厅等有关部门加大政策、项目、人才等的支持力度，围绕文化遗产保护和开发、文化创意产品开发、文化展演、智慧旅游等领域，重点建设"数字东巴"文化研发平台、智慧旅游研究院技术研发平台等公共技术研发和服务平台，加快推进实施丽江古城世界遗产三维数字化保护技术引进和研发，着力打造丽江双创园、丽江（复华）非遗产业示范园、经茂创意文化产业园、东巴古籍文献数字博物馆、丽江古城历史文化展示馆等融合载体。

（四）文化科技复合型人才引培工程

构建合理的文化科技人才产出体系，培养和引进熟悉市场、掌握行业专业知识技能、懂得企业经营管理的复合型人才。

1. 探索构建人才联合培养机制

鼓励有关高等学校和科研院所加强文化科技专业（学科）建设和理论研究。支持有关高等学校设立文化科技创新相关专业与课程，并加强与文化科技企业深入合作，结合文化市场需求培养创新型人才。推动国家文化和科技融合示范基地以及文化科技企业与高等学校、科研机构共建人才培养基地、专业人才实训基地等，加快培育文化和科技融合创新领军人才。

2. 强化非物质文化遗产等民族文化传承人培养

实施云南非物质文化遗产传承人研修培训计划，促进传统传承方式和现代教育体系相结合，拓宽人才培养渠道，不断壮大传承队伍。将民族文化传承人培养纳入职业教育体系，支持职业教育机构开设一批民族文化传承创新专业点，对开展民族文化传承人培养的职业教育机构给予财政资金支持，以提高民族文化传承人的文化素养、提升他们的科学素质，使他们了解掌握先进适用的技术，能够更充分地挖掘云南少数民族传统文化。推动民间传统手工艺传承模式改革，培养一批具有文化创新能力的技术技能人才。

3. 完善文化科技人才交流机制

积极引导科技人才和文化产业人才互动融合，促进人才合理流动。完善政府奖励、用人单位奖励和社会奖励互为补充的多层次创意和设计人才奖励体系，对各类创意和设计人才的创作活动、学习深造、国际交流等进行奖励和资助。鼓励高等学校与东部沿海发达地区高等学校、科研院所开展文化科技专业本科生、研究生的联合培养与交流，建设文化和科技融合的综合性交流、研究平台，促进人才交流。

4. 建设文化和科技融合发展高端智库

支持智库机构针对文化建设重点领域进行前期技术预研。发挥省社科规划研究项目示范引领作用，设立选题，引导社科工作者加强文化和科技融合研究，开展对重大文化科技问题评议研究和文化科技软科学研究。建立文化和科技融合决策咨询机制，发挥文化创意产业高端智库作用。

（五）文化科技大数据服务工程

收集数据、用好数据，加快文化遗产等数据收集和共享，同时，加大算法和算力的支撑以及软硬件配套能力，让数据释放更多动力，打造数据竞争新优势。

1. 积极参与国家文化大数据体系工程

建设国家文化大数据云平台云南省级平台，做好中国文化遗产标本库云南分库、中华民族文化基因库（一期）红色基因库云南分库、中华文化素材库、数字化文化体验园（馆）、云南数字文化生产线、国家文化专网云南部分建设工作，推进省级广电网接入文化专网。做好云南区域各项工作与西南分平台对接，实现区域内各类传统文化的数字化采集、素材化加工、汇聚、关联、解构、分发、重构、创新、交易、共享和应用，为二次创作和产品发布提供素材和数据支撑，从供给侧入手推动文化生产方式的创新性变革。

2. 建设公共文化资源数字化服务平台

创新公共文化服务供给模式，深入推进"云上文化云""云上云南云"等文化大数据平台建设，提高公共文化设施的信息化、智能化水平。推动博物馆、美术馆、图书馆、科技馆等开展珍贵文物、重点展品、古籍珍本的数字化工作，提高非物质文化遗产保护、重大历史遗址保护和再现、博物馆纪念馆展品陈列的科技水平。推进"一部手机游云南"项目从建设向运营过渡，以信息大数据为基础，以数字化平台为纽带，加强旅游垂直行业的数字化产业提升，实现线上旅游资源整合以及线上线下融合发展，全渠道为企业赋能，构建文化旅游产业生态体系。

3. 打造公共信息技术服务平台

支持大数据算法与分析技术国家工程实验室云南创新中心实验室服务云南文化产业，构建面向工业设计、数字媒体、广告创意、网络传播、数字版权等领域的公共信息技术服务平台。支持文化企业使用科技创新券进行检测、试验、分析等活动发生的费用给予补助。

(六) 文化和科技融合组织管理保障工程

加强省级层面推进文化和科技融合的组织领导和统筹协调，健全工作机制，发挥政策引导作用，强化金融支撑，充分发挥各部门各方面的积极性，形成工作合力。

1. 健全文化和科技融合工作推进机制

建立省级层面的组织领导机制，成立由分管科技的副省长为组长，省科技厅、省委宣传部、省委网信办、省文化和旅游厅、省广电局等部门参与的省级文化和科技深度融合发展领导小组，下设办公室在省科技厅，解决多部门共同管理中存在的问题，通过各部门资源的整合与部门间统筹协调，切实推动云南文化和科技深度融合发展，有效提升文化产业发展。支持有条件的州（市）和文化资源富集的地区，建立本地区文化和科技融合协调推进工作机制，强化文化、科技、经济等部门协同，定期沟通协调，推进本地区文化和科技融合工作。

2. 营造良好的文化和科技融合政策环境

由省科技厅、省委宣传部牵头，研究制定《关于促进文化和科技深度融合的指导意见》，完善配套政策，强化政策对文化和科技深度融合发展的支撑引导作用，形成有利于文化和科技融合的良好环境。完善知识产权保护政策，加强知识产权立法体系建设，加大知识产权保护力度，保护产权拥有者的合法权益，建立长效机制；建立知识产权奖励机制，对成功申请文化和科技融合产品专利的企业，鼓励政府采购等优先购买其商品，提高企业申报知识产权的积极性。完善财税政策、货币政策在社会资金、人才、技术成果转化等方面的引导作用，加大对文化企业开展科技成果集成、转化、应用能力建设和成果转化应用的资金支持力度，鼓励科研机构和科技企业成果向文化企业转化。完善招商引资政策，积极引进东部沿海的资金、先进的文化创新理念及有实力的文化企业，提升文化产业发展层次和水平；支持文化科技企业开拓省外、国外市场，引进国内外优秀文化科技产品，开展交流与合作。

3. 建立跨行业、跨部门的文化科技创新交流共享机制

搭建文化科研资源共享服务平台，提高文化科研基础设施、科研数据、

科研人才等资源的共享水平，实现跨区域、跨部门、跨学科协同创新。拓展交流合作渠道，争取技术合作项目，推进文化和旅游领域国内外科技交流合作，积极参与国际文化旅游等领域相关标准的制定，扩大并提升文化科技的国际影响力。推进与"一带一路"国家间的文化科技创新交流合作。

4. 强化文化和科技融合金融支持

充分发挥产业基金作用，支持文化和科技融合发展重大产业项目。建立健全政府、投资机构和文化科技企业股权融资对接服务体系，通过举办文化产业投融资峰会、项目推介会等，开展企业融资项目路演活动。推动银行、保险、证券、基金、担保公司以及其他聚焦文化科技领域金融机构之间的联动衔接，为文化科技企业融资提供便利。

关于建设云南省级文化和科技融合示范基地的建议

党的十八大以来，以习近平同志为核心的党中央高度重视文化和科技融合工作。习近平总书记指出，"科技同经济、社会、文化、生态深入协同发展，对人类文明演进和全球治理体系发展产生深刻影响"。2019年，科技部等六部门印发了《关于促进文化和科技深度融合的指导意见》，明确指出"相关部门和地方对文化和科技融合的重要性和紧迫性的认识尚需进一步提高"。早在2012年，科技部等五部门就联合开展了国家级文化和科技融合示范基地建设工作，至今已认定了85家，云南省仅昆明市、丽江市入围。2019年，陕西率先开展文化和科技融合示范基地建设工作，山东、辽宁、湖南、浙江等省相继开展。云南作为文化大省，应加快启动文化和科技融合示范基地建设工作，并以此为载体，加快促进文化科技深度融合发展，全面提升文化科技创新能力，推动文化、科技事业高质量发展。

一、陕西等省率先建设文化和科技融合示范基地

按照党中央、国务院推动文化和科技融合发展的总体要求，在国家大力推动文化和科技融合示范基地建设的背景下，陕西、山东、辽宁等省快速反应，先后启动了省级文化和科技融合示范基地建设工作。陕西在参照国家认定标准的基础上，进一步对示范基地边界范围作出了具体要求，明确提出对已认定的示范基地优先推荐申报国家文化和科技融合示范基地，由各级科技计划和文化产业专项资金予以倾斜支持，并优先布局文化和科技融合领域创

新平台。山东提出，到 2025 年建成 50 家左右特色鲜明、示范性强、管理规
范、配套完善的省级文化和科技融合示范基地，对认定为国家或省级文化和
科技融合示范园区（基地）的，享受省重点建设项目待遇。辽宁提出，未来
5 年将围绕新闻出版、广播影视、文化艺术、创意设计、文化旅游等方向，依
托高新区、文化产业园，以及文化和科技融合领域优势单位，择优认定 50 家
以上省级文化和科技融合示范基地。

二、云南迫切需要建设文化和科技融合示范基地

促进文化和科技融合发展是大势所趋。云南文化资源禀赋优势明显，文
化发展需求旺盛，迫切需要通过建设文化和科技融合示范基地，不断提升文
化科技创新能力，促进文化资源利用和发展，培育壮大文化新业态，加快提
升文化产业核心竞争力。

（一）有利于保护和发展文化资源

云南少数民族文化、非物质文化、传统村落文化、边疆地缘文化等资源
十分富集。"傣族剪纸"和"藏族史诗格萨尔"入选联合国教科文组织人类
非物质文化遗产代表作名录，世界遗产、中国传统村落拥有量居全国第二位，
国家级历史文化名城数量居全国前列，25 个边境县分别与老挝、越南、缅甸
山水相邻，"一寨两国"等边境文化独具特色。加快建设省级文化和科技融合
示范基地，打通文化和科技融合"最后一公里"，将有利于进一步增强文化科
技创新能力，加快促进文化资源的保护和发展。

（二）有利于培育壮大新型文化业态

推动文化和科技深度融合，建设文化和科技融合示范基地，有利于聚集
一批文化领域重点企业研发平台、公共研发平台、创新孵化平台和技术服务
平台，形成覆盖重点领域和关键环节的文化和科技融合创新体系，加快大数
据、云计算、人工智能、VR、AR 等数字和新一代信息技术在文化产业中的
应用，创新文化产品，培育新型文化业态，推动形成新的经济增长点。

(三) 有利于增强文化产业核心竞争力

建设文化和科技融合示范基地,将进一步汇集全省文化和科技融合相关要素和企业,为文化和科技融合发展提供相应基础设施保障和公共服务,有利于推动形成以龙头骨干企业为支点、大中小企业紧密配合发展的模式。通过发挥示范企业在模式创新和融合发展中的带动作用,打造文化和科技深度融合的示范区、政策体系和管理机制的试验田、科技产业创新发展的先锋队,将以点带面带动文化产业持续健康快速发展,不断提高文化产业的总体实力和核心竞争力。

三、云南应加快建设文化和科技融合示范基地

云南应按照国家推动文化和科技融合发展的总体要求和工作部署,加快启动文化和科技融合示范基地建设工作,打通文化和科技融合的"最后一公里",激发各类主体创新活力,创造更多文化和科技融合的产品,促进文化、科技事业高质量发展。

(一) 加强组织领导,完善工作机制

建立省级层面的组织领导机制,成立由分管科技的副省长为组长,省科技厅、省委宣传部、省委网信办、省文化和旅游厅、省广电局等部门参与的省级文化和科技融合示范基地建设领导小组,下设办公室在省科技厅,负责统筹基地战略发展、认定管理及政策落实等重大问题。建立地方层面的协调推进机制,支持有条件的州 (市) 和文化资源富集的地区,建立本地区文化和科技融合示范基地建设协调推进工作机制,强化文化、科技、经济等部门协同,定期沟通协调,推进本地区文化和科技融合示范基地建设工作。

(二) 强化顶层设计,统筹优化布局

由省科技厅、省委宣传部牵头,研究制定《关于促进文化和科技深度融合的指导意见》《云南省文化和科技融合示范基地认定管理办法》,在全省着力布局一批文化和科技融合示范基地。立足云南省文化资源禀赋优势,突出

少数民族文化、非物质文化、传统村落文化、边疆地缘文化 4 大特色，以文化旅游、传统文化资源保护和开发利用、广播影视、数字传媒、文化艺术展演等为重点领域，进行差异化布局和建设。鼓励昆明高新区、云南金鼎文化创意产业园等国家或省级高新区、文化产业园区和国家可持续发展议程创新示范区，红河哈尼梯田世界文化遗产，省级可持续发展实验区和国家历史文化名城等区域创建省级文化和科技融合示范基地，开创"产业上归入基地，地理上分布全省"的文化和科技融合发展新局面。

（三）加大政策引导，激发主体活力

充分学习借鉴陕西等省市示范基地建设过程中取得的成功经验，研究制定符合云南实际的相关政策。鼓励文化科技企业落地省级示范基地，省级科技计划和文化产业专项资金对省级示范基地建设及基地内企业相关项目给予倾斜支持，并优先布局文化和科技融合领域创新平台，为文化科技企业提供培训辅导、信息咨询、金融、知识产权等服务，加大对文化和科技融合创新重大关键共性技术和产品研发的持续支持力度。加大科技信贷、信用担保、科技保险、股权投资激励等金融扶持政策力度，引导金融机构开发文化和科技融合创新型金融产品。对符合条件的已认定的省级文化和科技融合示范基地优先推荐申报国家级文化和科技融合示范基地。

（四）抓好监督考核，促进高质量建设

建立省级文化和科技融合示范基地统计监测与绩效评价考核制度，由省级文化和科技融合示范基地建设管理领导小组办公室负责跟踪服务和动态统计监测，每两年对文化和科技融合示范基地进行一次绩效评价考核，考核结果作为后续支持和推荐申报国家文化和科技融合示范基地的重要依据，切实避免低水平重复建设，发挥省级文化和科技融合示范基地在产业发展中的带动作用。

丽江国家文化和科技融合示范基地建设实践与探索

丽江地处云南省西北部，位于西南边境少数民族地区，境内拥有 12 个世居少数民族，是全国唯一同时拥有"世界文化遗产""世界记忆遗产""世界自然遗产"三项世界遗产桂冠的旅游城市，是全国，乃至全球最具吸引力的旅游目的地之一，先后荣获"2021 中国文化体验旅游首选地""欧洲人最喜爱的中国旅游城市""世界上最令人向往的旅游目的地"等荣誉，形成了"民族文化和经济对接"的旅游业"丽江现象"、"旅游开发与文化遗产管理"的文化旅游可持续发展"丽江模式"。随着物质水平的提高和精神文化需求的增长，游客对旅游服务、旅游感受的要求日益提高，近年来，丽江市委、市政府通过"智慧丽江"建设，充分利用 5G、大数据等信息技术，大力推进文化遗产保护和开发、加快文化旅游产业转型升级，走出了一条"文化+旅游+科技"的特色发展道路，成为文化遗产保护与文化产业、旅游产业共同发展的云南样板。2021 年，经科技部、中央宣传部、中央网信办、文化和旅游部、广电总局五部门联合批准，丽江文化和科技融合示范基地被认定为第四批"国家文化和科技融合示范基地（集聚类）"，掀开了新时期丽江探索"科技赋能文化旅游产业高质量发展"的新篇章。

一、丽江模式

（一）发展基础及特点

1. 发展基础

丽江国家文化和科技融合示范基地是依托丽江古城和玉龙雪山景区两个

国家 5A 级旅游景区，按照"一基地二园区"的思路布局建设的。"一基地"即文化和科技融合示范基地，"二园区"即丽江古城片区和玉龙雪山片区。

丽江古城 1986 年获国家历史文化名城称号，1997 年被联合国教科文组织列入世界文化遗产，2011 年被原国家旅游局①批准为国家 5A 级旅游景区。世界文化遗产丽江古城由大研古城（含黑龙潭）、白沙民居建筑群、束河民居建筑群 3 个部分组成，2012 年边界微调后的保护范围为 727.9 公顷，其中：遗产区面积 145.6 公顷，缓冲区面积 582.3 公顷（大研遗产区面积 110 公顷，缓冲区面积 429 公顷；白沙遗产区面积 21 公顷，缓冲区面积 85 公顷；束河遗产区面积 14.6 公顷，缓冲区 68.3 公顷）。世界文化遗产丽江古城保护管理局、世界文化遗产丽江古城管理有限公司为丽江古城的专业化管理机构和运营单位。近三年丽江古城景区年度营业收入在 2 亿元左右，年接待游客量约 1400 万人次。

玉龙雪山景区 1988 年被原建设部②列为国家重点风景名胜区，2007 年被评定为国家 5A 级旅游景区，2013 年被原国土资源部③授予国家地质公园称号。玉龙雪山景区西至金沙江河谷，西北隔金沙江虎跳峡与哈巴雪山相对峙，东界丽江—鸣音公路至宝山石头城，南至白沙老机场，规划面积 415 平方公里。丽江玉龙雪山省级旅游开发区管理委员会、丽江市玉龙雪山景区投资管理有限公司为玉龙雪山景区的专业化管理机构和运营单位。玉龙雪山景区近 3 年年度营业收入在 12 亿元左右，年接待游客量约 500 万人次。两个园区都吸纳了一定数量的文化科技企业，为基地下一步文化和科技融合发展奠定了良好基础。

2. 优势和特色

丽江国家文化和科技融合示范基地拥有举世罕见的三项世界遗产——世界文化遗产丽江古城、世界自然遗产"三江并流"、世界记忆遗产东巴古籍文

---

① 2018 年 3 月，十三届全国人大一次全体会议表决通过并批准了国务院机构改革方案的决定，批准设立中华人民共和国文化和旅游部，作为国务院组成部门，不再保留文化部、国家旅游局。

② 2008 年 3 月，十一届全国人大一次全体会议表决通过并批准了国务院机构改革方案，批准设立中华人民共和国住房和城乡建设部，作为国务院组成部门，不再保留建设部。

③ 2018 年 3 月，十三届全国人大一次全体会议表决通过并批准了国务院机构改革方案的决定，批准成立中华人民共和国自然资源部，作为国务院组成部门，不再保留国土资源部。

献，还有黑龙潭古建筑群、大觉宫壁画、白沙壁画、金沙江岩画、"茶马古道"丽江束河段 5 处全国重点文物保护单位，"纳西族热美磋""纳西族白沙细乐""纳西族东巴画""黑白战争""傣族、纳西族手工造纸技艺"5 项国家级非物质文化遗产保护项目。丽江文化遗产保护、文化产业与旅游产业共同发展的经验在 2001 年被联合国教科文组织专家誉为"丽江模式"。2003 年，丽江市被列为全国首批文化体制改革的 9 个试点城市之一，走出了一条文化和旅游深度融合发展的路子，丽江市连续多年获评全国文化体制改革先进地区；2016 年，丽江市又被列为国家文化消费试点城市，原文化部对丽江市"文化旅游带动文化消费"的试点模式给予了肯定。大型少数民族舞蹈剧《丽水金沙》、大型实景演出剧《印象·丽江》，实现了文化产品与旅游市场、民族文化与现代科技的有机结合，成为全国文化产业示范基地。电视连续剧《木府风云》、歌曲《月亮花》荣获中宣部组织的精神文明建设"五个一工程"奖，有力提升了丽江文化的对外影响力和知名度。依托蓬勃发展的旅游业，丽江市文化产业持续增长，文化产业增加值连续多年占地区生产总值的比重均达 5%以上，居全省首位，以文化旅游产业为主的第三产业增加值占全市生产总值的近 50%，文化旅游产业已成为丽江最重要支柱产业。

（二）主要做法

丽江坚持"文化注入科技元素、创造全新体验、优化文化供给"的工作理念，把握"民族元素世界表达，传统元素现代表现，推动民族文化遗产创造性转化、创新性发展"的工作方向，按照"文化是内容，科技是支撑，旅游是载体，文化和科技融合是重点，文化旅游产业转型升级是方向"的工作要求，聚焦特色文化领域，加快推进文化和科技融合，持续增强科技应用能力，加快推进文化和科技融合，释放产业高质量发展新动能。

1. 以创新平台建设为抓手，强化智慧文旅技术支撑

结合产业发展需求，丽江在东巴文化研究院、丽江历史博物馆等民族传统文化研究机构基础上，在丽江师范高等专科学校、云南大学旅游文化学院等建立了滇西北民族艺术传承基地、民族文化研究中心及滇西北民族民间手工艺术工作室，相继与中国科学院、北京大学语言研究中心、海康威视等一

批国内外知名研究机构和企业签订合作协议，成立联合研究机构，或开展应用技术研发和集成创新。如针对文化创意产业成立了"丽江文创研究中心"，针对文化旅游产业成立了"智慧旅游研究院"，针对环境保护与监测建立了"玉龙雪山冰川与环境观测站"，为丽江智慧文旅提供了有力的技术支撑。2022 年，丽江还开展了文化和科技融合重点企业评选活动。

2. 以公共服务体系建设为重点，强化科技成果转化应用

丽江紧紧抓住文化和科技融合的"最后一公里"，不断完善科技成果转化公共服务体系。以省级创业孵化基地"玉水坊双创园"为核心，打造文化"双创"高地，引进、孵化企业 100 余家，形成束河工匠一条街、大研花巷等一批文创品牌。吸引雪山创投营、中关村科创园等 5 家国内知名创投机构落地丽江。同时，不断加大对境内外知名私募金融机构的招引力度，鼓励其在丽江设立各类私募基金及专业管理机构，支持传统金融机构在丽江依法依规设立私募金融法人管理机构或业务管理总部，推进基金小镇发展。

3. 以基础设施建设为保障，夯实智慧发展基础

基础设施建设是"智慧文旅"的基本保障。2019 年启动的丽江古城"数字小镇"建设项目，投资规模 1.95 亿元，推动丽江在云南省率先开通 5G 试验基站，开展 4G 网络重点区域覆盖优化，光纤宽带网络接入能力不断提升，信息通信网络承载能力、接入速率、覆盖范围、服务水平迈上了新台阶，建成了重点区域数字电视、互联网、文化信息资源共享网络体系，全民覆盖、互联互通的网络文化基础设施建设成效突出。除网络基础设施外，丽江还实施了公共文化服务场馆提升工程，全面推动公共图书馆、文化馆、博物馆、纪念馆、美术馆、影剧院、体育馆、广播电视村村通服务站和互联网公共信息服务点等建设提档升级，完善网格化布局。基层综合文化服务中心建设进一步加快，基层文化馆站设施设备配套到位。基本建成综合文化服务中心，文化信息共享工程服务网点覆盖所有行政村，广播电视实现户户通。

（三）显著成效

丽江在文化遗产保护和开发，以及文化创意、文化旅游、文化艺术展演等特色文化领域持续增强科技应用能力，文化供给不断丰富优化，文化产业

持续转型升级。

1. 世界文化遗产数字化保护和开发卓有成效

丽江运用数字化多媒体技术，对境内三大世界文化遗产进行真实、系统和全面的记录，建立档案和数据库。一是完成文化遗产数据库建设，建立东巴经典语言文化数据库、东巴文化影像数据库、漫游丽江古城三维系统等。二是数字化技术支撑文化遗产保护，利用大数据、物联网、云计算等新兴技术，建立丽江古城世界文化遗产监测预警体系、丽江古城综合指挥管理平台、丽江古城游客大数据流量统计分析使用平台、智能消防电力监控平台、丽江古城视频高清监控系统、丽江古城综合视频联网触摸查询系统、文化院落安装人数统计系统、丽江古城智能急救站、丽江市玉龙雪山景区森林实时监控预警和森林防火指挥系统，为世界文化遗产保护监管提供了有效的科技手段。三是数字化技术支撑文化遗产开发，采用地面互动、体感互动、雾幕投影、360度全息投影、背投全息互动和多通道融合沉浸式空间等现代科技展示方式，集中展示丽江历史文化、民风民俗、历史重大事件等内容，实现多元化数字展示和创新性数字生产。

2. "智慧文旅"服务体系初步构建

丽江充分利用5G、大数据、AI、VR、边缘云计算等技术，构建了以旅游大数据中心为主体，以智慧管理、智慧服务、智慧营销、智慧统计为支撑的现代"智慧文旅"服务体系，为游客和居民提供更加智能和人性化的服务，为当地文化和旅游业高质量发展注入了新活力。一是文化旅游大数据平台不断完善，借助"一部手机游云南"，通过整合交通、气象、酒店、餐饮、旅行社等相关数据，完成景区信息化名片、导游导览、慢直播、智慧停车场等平台建设，全面提升了景区服务的智慧化水平，玉龙雪山、古城成为云南省首批13家开展慢直播的景区。玉龙雪山被列入省级"一部手机游云南"试点景区，获得智慧景区建设特别奖。二是丽江古城"数字小镇"建设初显成效，智慧垃圾桶、智慧厕所、智慧健康、历史文化展示馆、刷脸入住酒店、区块链电子发票等8个试点项目，让"行"更便捷、让"游"更自在、让"购"更放心、让"服务"更到位。三是在智慧旅游运行监测方面，采用人工智能机器视觉、全场景图像识别，搭配深度学习神经网络、组合惯性导航、集中式实时系统自动驾驶技术,实现景区 5G 无人智慧商超、5G 无人扫地车、5G 无人巡逻车等的成功应用。

3. 文化艺术展演技术支撑能力逐步提升

丽江在加强保护民族文化的同时,充分挖掘和利用现代科技,以文化为灵魂,聚焦演艺创编、交互体验等方面,应用虚实互动协同展演设计与布景呈现、三维成效与智能交互、声光电一体控制与多维综合展演等技术,将科技应用于舞台艺术创作表演中,提升文化艺术展演的综合表现力,成功打造了《印象·丽江》《纳西古乐》《丽水金沙》《丽江千古情》《云南的响声》《雪山神话》《马帮出行》等一批将文化、艺术、旅游与高科技高度融合的,具有国际水准和有影响力的少数民族题材艺术作品。同时,借助虚拟现实互动等技术,建成纳西创世纪文化体验中心、白沙细乐传习馆、纳西象形文字绘画体验馆、"纳西人家"文化院落、文昌宫·洛克印象馆、玉龙雪山冰川博物馆数字展馆,培育形成纳西婚俗游、摩梭婚俗游、猎鹰文化等文化展示体验新业态。其中,纳西创世纪文化体验中心是国内首个大型纳西文化体验馆和首个大型 VR 体验馆,利用 5D 技术、虚拟现实技术、机械动感平台技术,打造了百米动态民俗风情长卷,"纳西魔幻之旅"内容的创作及设备的研发,均领先于国内同行。

4. 少数民族文创产品不断涌现

丽江不断将传统文化资源引入文化产品生产创作领域,通过对纳西、东巴等概念的民族传统文化因素进行提取,打造了"丽江萌蛙"具象的超级 IP 来代表古城。通过独特的创意设计理念与现代年轻人思想接轨,将"萌蛙"创意融入文创表现手法和内容表达,增强游客对文创产品的关注,开发了 20 余种创意产品。另外,非遗传承人和研究学者深入纳西民族历史、民族风俗、自然景观中发掘文化资源,对东巴古籍文学脚本进行了读演绎和阐释,采用连环画图文并茂的特殊艺术形式,搭配古老的东巴文字,创作出《纳西族史诗〈黑白战争〉连环画》,运用传统展览与动漫媒体结合的方式赴世界各地展览,得到国家艺术基金、学术界的认可和好评,该连环画画册入选全国第二届新钢笔画学术展,入藏国家图书馆。用动漫、水墨画的方式制作的《一滴水经过丽江》微视频,被纳入教育部统编教材语文八年级下册,充分展示了丽江的独特魅力。

5. 科研力量聚焦冰川生态保护成效明显

玉龙雪山的冰川资源作为基地最特殊、最重要的自然景观资源及生态文化旅游资源，具有地质遗迹和生态系统的自然性、典型性、稀有性。基地集聚科研资源，积极探索"冰川保护+民族文化+生态旅游"发展路径。与中国科学院合作，就冰川、冻土、水资源、环境变化等开展系列基础研究。建立了中国第二个冰川观测站"玉龙雪山冰川与环境观测研究站"，全天候对玉龙雪山冰川气候数据进行监测，为我国季风海洋性冰川的研究提供科学研究平台。利用清洁能源、生态系统修复等先进技术，实施"绿色交通""冷湖效应""森林消防""绿洲效应"四大环保工程，有效保护冰川生态系统。建设了"玉龙雪山冰川博物馆"，为展示冰川研究成果和宣传冰川文化提供了服务平台。举办了四届"玉龙雪山冰川与旅游发展科学研讨会"，围绕冰川资源保护及开发、玉龙雪山及周边地区的旅游可持续发展，进行系列学术研讨。基地还集聚国内外创新资源，聚焦世界遗产和边疆少数民族文化，开展技术应用研发和集成创新，加快科技成果转化落地，以科技成果转化为主、文化为辅的发展模式日益清晰，以文化和科技融合为特色的技术平台、研发人才规模持续扩大，为全国"科技+"文化遗产保护和开发、文化旅游融合发展提供了示范样板。

案例：历史古城与数字技术融合打造"智慧小镇"

在旅游体验需求日趋多元化、个性化的背景下，丽江古城主动融入"数字云南"建设，依托"一部手机游云南"，深入应用5G、物联网、大数据、人工智能等数字化技术，全面开展丽江古城智慧小镇建设，创新规划"1+1+N"工程，即一网络、一中心、N应用，通过"四个聚焦"，打造"四种场景"，利用现代信息技术破解古城管理服务中的痛点难点，迈出了历史古城与数字技术融合发展的新步伐。

聚焦管理端，助推监管效能新提升。丽江古城结合保护和管理需求，深化大数据、物联网、云计算等新技术的应用，整合丽江古城智慧小镇系统资源，加强管理应用系统的维护，提升综合指挥调度和业务流程信息化运行体系，对古城的态势感知和运行进行监测，实现了公共安全管理；通过在34个主要出入口设置智慧闸机，后台建立人流数据库，实现景区"预约、错峰、限流"等功能；同时，联动丽江古城高清视频监控系统、智慧广播、游客流量大数据统计分析平台等应用，构建景区分时预约、在线预订、流量监测、科学分流的游览环境，实现了综合智慧管理的目标。建成丽江古城管理指挥平台，形成"集中受理、分类处置、部门联动、跟踪督办、办结反馈、回访检查、审结归档、统计分析"的工作闭环，工作人员可便捷通过电脑、移动端快速查看并处理指挥中心分派的工作任务，实现综合执法检查、投诉咨询处置、市场管理、经营户普查、民居修缮管理等信息化应用，提升了景区各项工作效率和游客满意度。

聚焦游客端，助推游客服务新体验。在游客端，丽江古城围绕旅游行业全要素，按照有用、管用、好用、常用的原则和市场化发展方向，加快智慧旅游应用程序的推广，提高知晓率和使用率，将智慧小镇建设成果更好地服务于游客、应用于市场，为游客提供精细化、智能化、个性化的旅游服务。依托"一部手机游云南""丽江古城游"微信小程序等线上平台，为游客提供全方位的旅游服务。基于诚信评价体系，完成了优质餐饮户的手机订位点餐服务，实现了线上订餐、订位、VR实景预览、明厨亮灶直播，推广应用诚信菜单，向消费者展示菜品规格详细信息，让游客"吃"得更放心。打造酒店智能化服务体系，围绕预订、入住、房内、离店四个环节，让游客感受和体验到高科技带来的舒适和便利。上线五星精品民宿客栈，集中打造丽江古城精品客栈体验区，实现线上VR实景看房选房，让游客"住"得更安心。建设智慧停车场，对接"一部手机游云南"平台，实现导航、查看剩余车位，让游客"行"得更省心。全面推广智慧支付，为游客提供聚合支付等服务，将丽江古城零售经营户聚合在一个平台，动态掌握商家的实时交易信息。

聚焦遗产保护，助推监测与保护数字化治理。为保护丽江古城文化遗产的真实性和完整性，丽江古城运用科技手段对遗产要素进行科学监测和保护，建成了丽江古城世界文化遗产监测预警系统，通过对古建筑院落的信息采集，实现建筑物三维、二维信息集成，可以实时对瓦屋面、墙体等进行监测预警，为遗产保护、监测和修复提供科学的数据支撑，最大限度地保障了古建筑的原真性。如遇不可抗力因素导致建筑受损，可按原建筑本貌进行修复。针对丽江古城木结构建筑易失火的实际情况，建成智慧消防管理系统，以整合

"人防"和"技防"为手段，通过 3 万余个前端感知设备，实现对古城消防栓压力、电线温度、漏电、消防力量配备等情况进行实时监测，形成隐患可见、火情可控的立体化全域感知防控体系，实现"早发现、早处置、降损失、保平安"。

聚焦智慧创新，助推文化和科技有机结合。丽江古城引进应用 3D 建模、AR 等先进技术，开发沉浸式体验产品，丰富文化展示形式，实现传统文化的现代表达，增强游客体验感，弘扬丽江古城优秀的传统文化、红色文化，提升了丽江的文化魅力。徐霞客纪念馆、红军长征过丽江指挥部纪念馆、滇西北革命根据地暨边纵七支队纪念馆等一批文化和科技融合示范项目先后建成，成为游客和本地干部群众体验古城文化、红色文化的重要基地。另外，5G 等新技术的广泛应用，5G 无人扫地车、无人巡逻车、无人驾驶观光车、无人机的使用让现代科技和丽江古城深度融合，相互赋能。

丽江古城以科技创新赋能八百年历史古城转型升级，以精细化管理助推服务的精致化，实现信息共享、快速反应、高效监管。丽江古城"智慧小镇"数字化转型实践入选文化和旅游部发布的 2022 年文化和旅游数字化创新实践优秀案例，为其他古城古镇的遗产保护和景区开发提供可复制、可推广的丽江古城方案。

二、丽江未来

（一）持之以恒的建设为丽江文化和科技融合奠定了良好基础

1. 产业基础扎实

"十三五"时期，丽江形成了以文化演艺、文化旅游、休闲娱乐、文化旅游产品加工销售为主的四大特色产业，全市年度旅游总收入突破千亿元、年度游客接待量超过 5000 万人次。入选首批国家文化和旅游消费试点城市，获认定为第四批国家文化和科技融合示范基地，古城区、玉龙县分别创建为国家级、省级全域旅游示范区；丽江古城位列"2020 年度中国 5A 级景区品牌影响力 100 强年度榜单"TOP5，上榜第一批国家级夜间文化和旅游消费集聚区名单；玉龙雪山景区获首批国家级文明旅游示范单位、古城大研花巷入选首批国家级旅游休闲街区。《印象·丽江》入选全国旅游演艺精品名录，《丽水金沙》《纳西古乐》《丽江千古情》等文化演艺节目已成为全国知名演艺品牌。丽江智慧旅游项目一期、丽江古城数字小镇、玉龙雪山智慧景区、泸沽湖摩梭小镇等建设加快推进，丽江观光火车一期、市游客集散中心建成，文化旅游高质量发展持续提速见效。建成国家级文化产业示范基地2个、省级文化产业园区2个、省级文化创意与相关产业融合发展示范基地2个，拥有省级特色文化示范区2个、省级特色文化产业示范村3个及省级特色文化产业示范企业、特色文化产业知名品牌10余家。

2. 转型升级加速

丽江按照"以科技为载体、以文化为灵魂"的发展理念，在"一部手机游云南"建设引领下，丽江古城智慧小镇入选文化和旅游部"2021年智慧旅游典型案例"，玉龙雪山智慧景区应用达到业内领先水平，相继完成人机互动的纳西创世纪VR体验项目、沉浸式文化旅游游戏《创世·缘起》及东巴古籍文献与语言文化数据库、东巴文化影像数据库、白沙细乐非遗数据库等建设开发，开展系列5G无人商店、无人巡逻车及"诚信菜单"等技术集成应用；组织了四次"天雨流芳·文旅大集"主题文化旅游消费季活动，建成丽江古城历史文化展示馆、徐霞客纪念馆、红军长征过丽江指挥部纪念馆、泸沽湖星空科普研学基地等示范平台，已成为"智慧景区+非遗保护及利用+文艺展演+文创开发"的发展样板。

3. 体系建设完善

丽江已初步构建了高水平、多层次的文化旅游融合发展支撑体系。在企业方面，全市共有4600余家文化经营户、1444家文化产业法人单位，规模以上文化企业有26家、营业收入上亿元的文化企业3家，丽江玉龙旅游股份有限公司成为云南省首家上市旅游公司。在创新平台方面，拥有丽江市东巴文化研究院、丽江市博物院、丽江市古城区非遗保护管理中心及丽江师范高等专科学校、丽江文化旅游学院等专业化研究机构，建成丽江双创园、丽江古城5596休闲街、丽江金茂创意文化产业园等产业支撑平台，与杭州海康威视数字技术股份有限公司共建了省内首家"智慧旅游研究院"，与中国科学院、北京大学、华为等建立了产学研合作机制。

（二）坚持不懈的探索中形成了丽江文化和科技融合的清晰定位

丽江以习近平新时代中国特色社会主义思想为指导，深入贯彻落实习近平总书记考察云南重要讲话精神及系列重要指示批示精神，紧扣国际化、高端化、特色化、智慧化发展方向，聚焦文化遗产保护和开发、文化旅游融合、文化艺术展演、文创产品开发等特色优势领域，优化相关项目、主体、平台等创新资源集聚与配置，支持产业关键共性技术创新、科技成果转化示范等，通过科技促进文化和旅游生产方式、体验方式、服务方式、管理模式的创新，强化丽江文化旅游资源市场转化力，引领丽江文化旅游产业转型升级、做优做强，高水平建设国家文化和科技融合示范基地，为新时期云南省打造世界一流"健康生活目的地"提供样板示范。

——边疆少数民族地区文化和科技融合发展策源地。深度挖掘丽江少数民族文化内涵，在文化和科技融合的政策创新、重大产品创新、商业模式创新等方面积极探索，实施具有先导性和创新性的一揽子政策，研究开发具有自主知识产权和市场竞争力的文创产品，打造少数民族文化和科技融合的"丽江模式"，为少数民族地区提供样板，引领全国少数民族文化和科技深度融合发展。

——面向西部乃至全国特色文化旅游产业科技创新辐射中心。依托国家历史文化名城、国家5A级旅游景区及三项世界遗产特色旅游文化资源，集聚一批科技型企业及相关技术、人才、资本、服务等要素，为特色文化产业关键共性技术研发、产业链延伸、技术创新平台建设提供支撑和服务，打造文化科技企业集群，形成面向西部地区乃至全国特色旅游文化产业创新发展的辐射源。

——先进适用文化科技成果转化展示宣传高地。引入先进适用技术，打造以科技成果转化为主的文化和科技融合示范高地，支撑和服务丽江传统文化产业向数字化、信息化、高端化转型，应用大数据、人工智能、虚拟现实、多媒体等现代技术展示宣传丰富多彩的民族文化产品，让丽江的民族特色文化走向全国、拥抱世界。

——少数民族地区文化和科技融合促进民族文化国际交流示范区。抢抓发展机遇，主动融入和服务"一带一路"等国家发展战略，深入挖掘少数民族地区文化资源，搭建高规格、高水平的学术交流平台及长效机制，广泛开展文化遗产的传承保护和交流共享，促进文化品牌提升，推进民族文化的保护和传承。

（三）发展重点

围绕文化旅游、文化遗产保护和开发、文化艺术展演、文化创意产品四大特色产业，加强适用技术引进、开发，做好先进技术应用示范，推动"智慧景区+文化遗产保护和开发+文艺展演+文创开发"协同发展的文化和科技融合示范基地的建设。

1. 文化旅游产业

推动文化、旅游及相关产业融合发展，不断培育新业态。深入实施"互联网+"战略，推动文化、旅游和科技融合发展。搭建综合信息应用平台，充分利用互联网、物联网、云计算、5G、GIS、电子支付、无线射频识别、智能终端等新兴技术，建设集旅游品牌宣传、行业管理、公共服务、商务运营于一体、面向国内外旅游组织和旅游者的多层面全方位的开放式大型综合信息应用平台。充分利用"云计算"技术、物联网技术、人机交互技术、地理空间信息与可视化技术、大数据应用等新兴技术，建设旅游公共服务信息系统、旅游业态"智慧旅游"服务体系及智慧旅游政务服务体系，重点建设完成"智慧旅游"电子政务系统、旅游应急指挥系统。加快智慧城市、智慧景区、智慧酒店、智慧旅行社、智慧乡村等试点建设，完善游客信息咨询服务平台。

2. 文化遗产保护和开发产业

积极开展文化遗产抢救发掘。进一步加强对重要文化遗产的保护，加强对世界文化遗产、历史文化名城（街区、村镇）和文物保护单位的保护管理和修缮工作，制定并实施不可移动文物保护规划；坚定不移推进继承和保护优秀民族文化遗产，弘扬优秀民族文化遗产。继续强化文化遗产静态保护。以申报和建设民族传统文化生态保护区和中国传统村落为龙头，大力保护田园、村落、集镇、庙宇、原住民等民族文化赖以生存、发展的社会人文环境，传承和发展具有浓郁民族特色的民间传统节庆、风俗、礼仪，维护民族文化的基本元素。借助数字化技术进行文化遗产采集与存储，建设地方特色文化遗产数字化资源数据库，借助数字化技术构建文化遗产基因信息库；建设数字化虚拟博物馆，以数字化形式对文化遗产进行有效的收藏、管理与展示；借助新媒体技术做好文化传播，通过数字媒介构建一个交互立体的传播渠道，实现文化遗产的交互式传播。

3. 文化艺术展演产业

创新和丰富文化艺术展演形式。利用数字技术打破传统文化艺术展演形式，加强视听效果提升和表现手法创新，革新传统展演表现手法；利用数字技术推动文化展演商业模式创新，运用网综、网剧等新形式打造系列节目进行可持续传播，契合年轻受众的消费需求。重点开展舞美设计和舞台效果集成系统应用，综合运用 LED 等舞台声光电综合表现系统集成技术、虚实互动的舞美设计与布景彩排系统、演播舞台、大型文化活动舞台监督监控和指挥调度系统及舞台机械控制系统等演播舞台表现技术，构建现代舞台成套技术集成解决方案，开展应用示范，形成规模化生产和应用服务能力，提升文化演出艺术的创作力、感染力和表现力。

4. 文化创意产品开发产业

重点发展文化旅游衍生产品、专业设计服务等门类，大力发展民族特色创意设计，促进民族特色元素与时尚创意设计结合，推动民族特色产品创新发展，提档升级。支持旅游设计、工业设计、民族工艺品设计、会展设计、多媒体艺术设计等重点业态发展，推动数字技术与设计服务产业融合。适应现代信息技术和"互联网+"的发展步伐，促进基地传统工艺技艺与创意设计、现代科技、时代元素相结合，打造传统与现代相结合、民族与时尚相辉映的工艺美术品。积极发展"金木土石布"民族民间工艺品门类，提升特色文化产品知名度，建立民族民间手工艺人培训基地，加强与高校的互动交流，实现人才之间的传输，实现民族技艺的活态性保护，在艺术培训基地的基础上建立特色文化产业示范区。扶持工艺美术品交易市场发展，提高交易规模和经济收益，积极培育画廊、拍卖行、艺术家工作室、文化艺术中心等组成的工艺艺术品市场主体。

（四）重点任务

1. 构建文化和科技融合示范支撑体系

加强顶层设计，完善文化和科技融合政策体系建设。结合科技部等六部门印发的《关于促进文化和科技深度融合的指导意见》，编制发布《丽江文化和科技融合发展专项实施方案》《文化科技融合重点产业行动计划》和《丽江文化和科技融合发展指导意见》等政策规划，引导支持基地文化科技企业转型升级、项目孵化融资、技术应用推广等；加快文化科技体制改革步伐，探索研究知识产权等文化科技无形资产转化应用办法，推动文化产权交易、文化产业投融资等加速发展。

注重技术创新，提升文化和科技融合平台服务能力。支持基地民族传统文化研究平台建设升级，设立文化和科技融合平台建设专项资金，持续推动东巴文化研究院、丽江古城博物院、古城区文化馆及云南大学旅游文化学院、丽江师范高等专科学校等高等学校、科研院所开展设备购置、人才培引、项目研究。积极推动产学研合作，深化与北京大学、云南艺术学院、海康威视、联想、洛克科技等省内外高校、企业的创新合作，围绕智慧旅游、5G 应用、文化创意、遗产数字化保护等领域拓展合作范围，稳步建设符合基地产业发展需求的高端科技创新平台，加快先进、成熟科技成果的转化、应用、推广，提升基地文化和科技融合发展水平与自主创新能力。

突出智力支持，进一步聚焦文化和科技融合人才培引工作。积极推动高层次人才培引工作，设立"丽江英才计划-文化和科技融合专项"，围绕文化创意、文化展演、智慧旅游及民族传统文化保护开发等领域推动人才引进、团队创业，有效助力基地文化和科技融合发展水平。加强专业技术人才培养，充分发挥丽江师范高等专科学校、云南大学旅游文化学院等高校优势，采用专业培养、短期培训等方式加快技能人才、专业技师、管理人才的培养，逐步壮大基地文化和科技融合专业化人才队伍。

2. 培育壮大文化和科技融合示范主体

推动文化和科技融合示范园区建设提质升级。按照"政府引导、市场运作、科学规划、合理布局"的原则，持续扩大丽江双创园建设规模，聚焦文创产业，为初创期企业提供孵化、技术合作、招商引资、产品开发及政务服务等一站式服务平台，完善雪山创投营、凯利达、中关村科创园、清华启迪有限公司和红岭云科技有限公司等孵化器建设发展；支持丽江（复华）非物质文化遗产产业示范园区、影视产业园区、红谷创意园、金茂创意文化产业园等文化和科技融合园区建设发展，将园区从"空间集聚"发展模式上升到"要素集聚"的整合发展模式，着力培育非物质文化遗产与民族文化保护开发、文化展演宣传、文化创意产品开发、新一代信息技术等重点，加强现代声光电、全息技术、幻影成像、现场3D等高技术与文化产业融合发展，开展文化资源数字化、文化内容集成制作、新媒体内容资源管理等特色示范工程，推动文化和科技融合集群发展。

培育壮大文化和科技融合示范企业。构建以龙头和骨干企业为支点、大中小企业紧密配合的文化科技企业体系，充分发挥龙头和骨干企业在模式创新和融合发展中的带动作用。以提高文化企业整体创新能力、促进文化和科技融合发展为目标，培育一批本土企业，积极引进国内领军企业，选择一批具有一定规模、创新性强、处于行业领军地位的文化科技企业开展试点示范，形成文化和科技融合发展动力源，推动文化和科技融合产业做强做大。

3. 布局实施文化和科技融合特色示范项目

文化遗产资源保护与开发。对文化遗产文献、图片、影像、实物等进行分类整理和数字化转化、存储，建立文化遗产文献档案库；建立数字化文化遗产展览馆、博物馆、体验馆、网站等，利用高清晰扫描技术、虚拟3D技术等实现文化遗产线上展示的动态化、立体化，利用体感技术和人机互动技术增强展示的体验效果。建立数字化非物质文化遗产传习所，通过模拟再现技术帮助培养传承人更好更快掌握共性规律。

文化创意产品开发。加快文化创意设计与建筑设计、园林景观设计、软件设计等设计服务业的有机融合，加快文化创意及设计服务业向价值链高端延伸，推动文化创意及设计服务产品的生产、交易和成果转化。推动以IP运用为特征的文化创意交易和贸易合作，将文化资源转换为能够进行产业化开发、市场交易的IP产品。

文化展演产业。进一步探索用舞蹈、音乐剧等方式传承丽江少数民族文化及传统习俗，从民族性、传统化的建构延伸到现代性、当代化构造；筹划特色文化节庆活动，促进节庆与城市文化品牌、城市形象塑造互动发展，定期举办丽江雪山音乐节、丽江非物质文化遗产艺术节等；发展以民族民间传统节庆、文化休闲旅游节庆、现代商务会展、高端学术论坛和会议等为主体的节庆会展产业，重点打造烽火文创论坛、"一带一路"——世界双遗产文化论坛等现代节庆，促进节庆活动与休闲旅游融合。

文化旅游产业（智慧旅游）。利用云计算、大数据和人工智能等先进技术，实现景区的数字化管理，利用信息化手段提升景区精准化管理水平，完成智慧安防、游客大数据流量统计分析、智慧消防等集成；大力推广"一部手机游云南""一部手机办事通""一部手机云品荟"等省级平台在丽江的运用，加速推动信息技术与实体经济的深度融合，实现公共管理、社会服务和产业发展的数字化转型。

4. 完善文化和科技融合成果转化示范平台建设

支持文化和科技融合专业孵化器建设，加快孵化一批文化科技中小企业，并帮助其快速成长；延伸孵化服务功能，打造国家级、省级专业孵化器，逐步实现为文化创新创业群体提供研发、展示、交流分享、预孵化、创业辅导和资金对接等综合服务；强化对适用技术的引进消化吸收再创新和自主科技成果的转化应用，提升文化和科技融合有关技术的有效供给与高效推广，着力推进文化标准化和文化信息化建设，面向全社会和文化行业推广与转化文化科技成果，推动技术应用和产业化。

强化文化科技相关园区公共技术服务及创新平台建设，依托园区孵化器、高新技术企业、高等学校等建立公共技术服务平台，形成机制化的产学研合作体系，为文化和科技融合企业提供共性技术服务，有效地解决中小文化企业在技术创新、人才培养等方面存在的问题和困难；围绕文化科技产业重点领域组建一批技术创新联盟，实现创新链与产业链有效连接，形成高效快捷的成果转化通道。

依法开展政策咨询、产权交易、项目推介、投资引导、项目融资、权益评估、并购策划等中介服务，推动服务平台商业服务模式创新，集成和优化各类资源，促进企业之间的技术交流与业务合作。

丽江国家文化和科技融合示范基地中长期发展规划建议

为加快丽江国家文化和科技融合示范基地（简称"基地"）建设，根据国家有关要求，结合云南和丽江实际，现提出丽江国家文化和科技融合示范基地中长期发展规划编制建议如下。

一、发展定位

以习近平新时代中国特色社会主义思想为指导，贯彻落实习近平总书记关于"把云南建设成为我国民族团结进步示范区、生态文明建设排头兵、面向南亚东南亚辐射中心"的指示精神，面向文化建设重大需求，把握文化科技发展趋势，依托独特文化资源，以文化旅游产业为核心，以信息技术、数字技术为支撑，以文化科技企业和园区为载体，建立健全文化科技融合发展体系，增强文化产业领域科技实力和自主创新能力，推动"智慧文旅+文化遗产保护开发+自然生态保护利用+现代文艺展演+文创产品开发"协同发展，努力把基地打造成为边疆少数民族地区文化和科技融合发展策源地、面向西部乃至全国特色文化旅游产业科技创新辐射中心、先进适用文化科技成果转化展示宣传高地、少数民族地区文化和科技融合促进民族文化国际交流示范区。

——边疆少数民族地区文化和科技融合发展策源地。深度挖掘丽江少数民族文化内涵，在文化和科技融合的政策创新、重大产品创新、商业模式创新等方面积极探索，实施具有先导性和创新性的一揽子政策，研究开发具有自主知识产权和市场竞争力的文创产品，打造少数民族文化和科技融合的"丽江模式"，为少数民族地区提供样板，引领全国少数民族文化和科技深度融合发展。

——面向西部乃至全国特色文化旅游产业科技创新辐射中心。依托国家历史文化名城、国家 5A 级旅游景区及三项世界遗产特色旅游文化资源，集聚一批科技型企业及相关技术、人才、资本、服务等要素，为特色文化产业关键共性技术研发、产业链延伸、技术创新平台建设提供支撑和服务，打造文化科技企业集群，形成面向西部地区乃至全国特色旅游文化产业创新发展的辐射源。

——先进适用文化科技成果转化展示宣传高地。引入先进适用技术，打造以科技成果转化为主的文化和科技融合示范高地，支撑和服务丽江传统文化产业向数字化、信息化、高端化转型，应用大数据、人工智能、虚拟现实、多媒体等现代技术展示宣传丰富多彩的民族文化产品，让丽江的民族特色文化走向全国、拥抱世界。

——少数民族地区文化和科技融合促进民族文化国际交流示范区。抢抓发展机遇，主动融入和服务"一带一路"等国家发展战略，深入挖掘少数民族地区文化资源，搭建高规格、高水平的学术交流平台及长效机制，广泛开展文化遗产的传承保护和交流共享，促进文化品牌提升，推进民族文化的保护和传承。

二、发展目标

聚焦少数民族文化发展繁荣的重大科技需求，通过实施文化和科技深度融合工程、计划、项目，培育一批创新能力强的文化科技企业，建设一批文化和科技融合创新服务平台，培养一批文化科技复合型人才，突破一批文化产业关键共性技术，构建形成政府扶持引导、市场配置资源、企业核心主体的文化和科技融合发展体系，推动文化科技产业创新价值链迈向中高端。基地建设具体目标如下：

建设文化和科技融合示范园区 2 个、培育文化科技领军企业 2 家、文化科技创新型企业 10 家，实施文化科技创新项目 20 个，攻克科技支撑文化发展的关键共性技术 5 项，转化文化科技成果 15 项。

推动文化产业成长为丽江的支柱性产业。实现文化产业增加值占全市生产总值的 8%，新增文化产业就业 3000 人。

科技对文化产业的贡献率明显提高。文化产业拥有自主知识产权数量达 200 件，科技人员占文化产业从业人员的比例达 10%，科技型文化项目占文化产业总项目比例达 38% 以上，文化产业增加值占全市生产总值的 8% 以上。

三、优势行业

重点围绕文化旅游、文化遗产保护和开发、文化艺术展演、文化创意产品开发四大特色产业，加强本土技术开发，做好先进技术的应用示范，推动"智慧文旅+文化遗产保护开发+自然生态保护利用+现代文艺展演+文创产品开发"协同发展的文化和科技融合示范基地的建设。

（一）文化旅游产业

推动文化、旅游及相关产业融合发展，不断培育新业态。深入实施"互联网+"战略，推动文化、旅游和科技融合发展。搭建综合信息应用平台，充分利用互联网、物联网、云计算、5G、GIS、电子支付、无线射频识别、智能终端等新兴技术，建设集旅游品牌宣传、行业管理、公共服务、商务运营于一体，面向国内外旅游组织和旅游者的多层面全方位的开放式大型综合信息应用平台。充分利用"云计算"、物联网、人机交互、地理空间信息与可视化、大数据应用等新兴技术，建设旅游公共服务信息系统、旅游业态"智慧旅游"服务体系及智慧旅游政务服务体系，重点建设完成"智慧旅游"电子政务系统、旅游应急指挥系统。加快智慧城市、智慧景区、智慧酒店、智慧旅行社、智慧乡村等试点建设，完善游客信息咨询服务平台。

（二）文化遗产保护和开发产业

积极开展文化遗产抢救发掘。进一步加强对重要文化遗产的保护，加强对世界文化遗产、历史文化名城（街区、村镇）和文物保护单位的保护管理和修缮工作，制定并实施不可移动文物保护规划；坚定不移推进继承和保护优秀民族文化遗产，弘扬优秀民族文化遗产。继续强化文化遗产静态保护。以申报和建设民族传统文化生态保护区和中国传统村落为龙头，大力保护田园、村落、集镇、庙宇、原住民等民族文化赖以生存、发展的社会人文环境，传承和发展具有浓郁民族特色的民间传统节庆、风俗、礼仪，维护民族文化的基本元素。借助数字化技术进行非物质文化遗产采集与存储，建设地方特色非物质文化遗产数字化资源数据库，借助数字化技术构建非物质文化遗产基因信息库；建设数字化虚拟博物馆，以数字化形式对非物质文化遗产进行有效的收藏、管理与展示；借助新媒体技术做好非物质文化传播，通过数字媒介所独有的优势和特点构建交互立体的传播渠道，实现非物质文化遗产的交互式传播。

（三）文化艺术展演产业

创新和丰富文化艺术展演形式。利用数字技术打破传统文化艺术展演形式，加强视听效果提升和表现手法创新，革新传统展演表现手法；利用数字技术推动文化展演商业模式创新，运用网综、网剧等新形式打造系列节目进行可持续传播，契合年轻受众的消费需求。重点开展舞美设计和舞台效果集成系统应用，综合运用LED等舞台声光电综合表现系统集成技术、虚实互动的舞美设计与布景彩排系统、演播舞台、大型文化活动舞台监督监控和指挥调度系统及舞台机械控制系统等演播舞台表现技术，构建现代舞台成套技术集成解决方案，开展应用示范，形成规模化生产和应用服务能力，提升文化演出艺术的创作力、感染力和表现力。

（四）文化创意产品开发产业

重点发展文化旅游衍生产品、专业设计服务等门类，大力发展民族特色创意设计，促进民族特色元素与时尚创意设计结合，推动民族特色产品创新发展，提档升级。支持旅游设计、工业设计、民族工艺品设计、会展设计、多媒体艺术设计等重点业态发展，推动数字技术与设计服务产业融合。适应现代信息技术和"互联网+"的发展步伐，促进基地传统工艺技艺与创意设计、现代科技、时代元素相结合，打造传统与现代相结合、民族与时尚相辉映的工艺美术品。积极发展"金木土石布"民族民间工艺品门类,提升特色文化产品知名度,建立民族民间手工艺人培训基地,加强与高校的互动交流,实现人才之间的传输,实现民族技艺的活态性保护,在艺术培训基地的基础上建立特色文化产业示范区。扶持工艺美术品交易市场发展,提高交易规模和经济收益,积极培育画廊、拍卖行、艺术家工作室、文化艺术中心等组成的工艺艺术品市场主体。

四、重点任务

基地立足我国西南边疆少数民族地区,依托世界非物质文化遗产和少数民族文化资源,探索应用先进科技成果,推动区域文化旅游产业转型升级,培育新的文化业态,构建文化创新体系,形成具有丽江特色的"文旅+科技"融合发展模式,高标准建设国家文化和科技融合示范基地,打造民族文化旅游目的地。

(一) 加强少数民族文化关键共性技术研发

先进技术合作研发,提高文化领域技术水平。开展"丽江文化科技融合大招商"专项工作,围绕非物质文化遗产数字化保护、全息投影、虚拟 3D、人工智能及区块链等技术开展合作研发、集成创新,应用先进技术成果提升数字文化平台、文创产品及文化展演等技术水平。

应用高科技技术,实现文化产品多渠道发布。鼓励文化科技企业创新应用 5G 技术、移动音视频及自媒体平台等多样化文化传播技术,实现文化产品的多渠道发布、多终端呈现。

打造科技服务平台,建设文化科技创新中心。支持基地按照"政府指导、企业运营"的原则打造集文化产品开发、技术咨询及文化版权交易、知识产权服务、文化产品鉴定等于一体的科技服务平台,打造面向西部地区的文化科技创新中心。

(二) 完善少数民族文化科技创新体系建设

社会组织参与建设,搭建科技创新格局。引导"丽江文化科技融合创新发展技术联盟"，参与基地建设规划及专项政策制定，强化文化科技人才培引，推动新技术、新模式、新业态在基地的示范推广，支持产学研合作开展关键共性技术研究及应用示范，为基地内中小企业文化科技融合发展提供技术支持、金融服务与公共服务，培育产学研结合、上中下游衔接、大中小企业协同创新的格局。

文化旅游产业积极参与，建设科技创新体系。支持丽江文化旅游产业的创新创业活动，充分发挥丽江双创园及企业孵化器、众创空间等平台作用，支持"专、精、特、新"文化科技企业发展；鼓励高等学校、文化研究机构的青年大学生、科研人员投身文化科技融合创新活动，加快构建充满活力的丽江文化科技产业创新体系。

（三）加快少数民族文化科技成果产业化推广

打造一批具有自主知识产权的丽江特色文化科技创新成果。组织实施"丽江文化科技融合创新专项"，围绕文化数字化保护与展示、文创系列产品开发、文化展演、文化旅游新技术应用等领域，整合企业、高等学校、科研机构资源，分3个年度开展从基础理论、关键共性技术、产业应用示范到创新平台建设、创新人才培引等全产业链科技创新。

强化丽江少数民族文化科技产业市场建设。整合丽江创新创业、科技成果转化等平台资源，建立"线上+线下"一体的"丽江文化科技交易平台"，探索文化产业要素流转交易体系，应用区块链、大数据等技术，优化文化资源版权保护与市场化授权，支持丽江双创园建设集少数民族文化科技咨询、技术评估及技术熟化、中试试验等于一体的中试基地。

（四）加强少数民族文化大数据体系建设

加快推动数字化保护与开发工作，推动文化资源传播与共享。支持实施"丽江市非物质文化遗产数字化保护工程"，以丽江非物质文化遗产、特色民族文化及文化研究成果为重点，通过应用高清晰扫描技术、虚拟3D技术及数字影音技术等，构建包括三维数据、照片、影像、音频等一体化数据库，建设"丽江公共文化云"服务平台。

打造区域文化旅游大数据服务示范基地。以丽江古城为重点，积极开展数字小镇建设，综合应用物联网、大数据、AR、VR、5G应用、增强现实及互动式体验等信息技术打造智慧旅游景区，开展数字化三维体验、智能机器人互动等。

(五) 促进少数民族文化内容生产和传播手段现代化

推动文化数字化成果走向网络化、智能化，形成"文化+科技"的宣传模式。利用物联网、云计算、大数据等技术，促进文化遗产等数字化转化、存储，开展博物馆数字化建设、文化遗产数字化展示馆建设、丽江古城历史变迁数字化展示、东巴古籍文献数字化保护等，通过现代化传播途径突破空间限制，实现资源共享。

利用现代科技手段，促进少数民族文化现代化传播。围绕丽江民族文化题材，实施以巴格图为基础，基于互联网平台的文化互动体验软件开发、动画开发、AR、VR虚拟动感纳西《东巴神路图》开发等一批项目，促进少数民族文化内容生产和传播手段现代化。

(六) 提升少数民族文化装备技术水平

推动科技公司合作，升级文化旅游体验。持续推动东巴文化研究院、丽江古城博物院、古城区文化馆等平台以及相关企业与洛客科技有限公司、上海幻响动漫科技有限公司、腾讯等的合作，加强智能化的文化遗产保护与传承、数字化采集、文化体验、公共文化服务和休闲娱乐等专用装备的集成应用，促进文化遗产数字化。

加强科技设备应用，推动文化产业发展。加强激光放映、虚拟现实、光学捕捉等高端文化装备和影视制作等高端软件产品和装备的集成应用，推动《印象·丽江》《丽江千古情》等文化展演升级，提升《黑白之战》等动画产品质量。

(七) 强化少数民族文化技术标准研制与推广

开展少数民族文化遗产保护和开发标准研究，加强文物保护专用设施和文物保护行业标准的推广运用。探讨纳西文字语言、文物分类、文物保存环境、文物病害评估等标准，推动制定相关地方标准，提高文物和文化遗产保护的规范化、标准化水平。

推进领域重要标准制定及实施工作。包括少数民族文化馆（站）、博物馆等公共服务技术、质量、服务设施、服务信息、术语与语言资源等领域。

重点围绕文化旅游服务设施标准化、服务基础标准化、管理标准化等方面，打造少数民族特色智慧旅游标准化品牌。

（八）推动媒体转型升级，加速少数民族文化推广"融"时代

加快党报党刊、通讯社、电台电视台等网络化改造和技术升级，建设"内容+平台+终端"的新型新闻内容生产和传播体系。支持丽江广电网络打造"数据保真、创作严谨、互动有序、内容可控"的文化专网；支持丽江传统媒体转型升级，拓展网络和新媒体业务，发展网络文学、网络音乐、网络剧、网络电影等新业态，培育以数字化产品、网络化传播、个性化服务为核心的网络视听产业。

支持融媒体中心建设，形成"融媒体统筹、新媒体首发、全媒体跟进"的运行模式。向上对接省级有关单位，帮助搭建融媒体指挥调度中心，实现与省新闻资源、技术平台的交互共享；对内将县（市、区）广播、电视、旅游周刊、文化周刊、新闻网站、政务网站、政务微博微信等资源进行整合，推动信息内容、技术应用、平台终端、人才队伍共享融通，促进管理扁平化、功能集成化、产品全媒化。

五、预期效益

（一）文化旅游数字化、网络化、智慧化新进程不断加快

基地特色小镇、数字小镇、智慧景区、全域旅游示范区建设在云南省达到领先水平。聚集一批文化科技企业，能够更加熟练运用 VR、AR 等技术，深挖文化旅游产品内涵，实现内容可视化呈现和沉浸式体验，让旅游体验更加真实、底蕴更为深厚，打造新标杆、新名片，将现代冰川博物馆打造为集冰川数据采集、存储、保护、共享、可视化于一体的科技型展馆；将东巴古籍文献数字博物馆打造为集展、学、研、教、游"五位一体"的主题展馆；

能够熟练运用大数据和人工智能等技术，将数据、智能和业务进一步融合，向高速公路"无感支付"、智慧酒店、智慧租车、智慧监管等延伸，让"行"更便捷、"游"更自在、"购"更放心、"服务"更到位。

（二）民族文化逐步走向世界

依托国家历史文化名城、世界遗产特色文化资源打响丽江品牌，打造丽江文化硅谷，建设世界文化名市。做大做强民族文化和科技融合的新"丽江模式"，实现文化旅游业态创新，以天文研学旅游、康养度假旅游、全域旅游、虚拟旅游、定制旅游等多种形式，吸引海外游客赴丽江旅游；推动《丽江千古情》《丽水金沙》《雪山神话》等文化展演走出国门，到南亚、东南亚国家展演；通过与国际民间艺术组织合作，建设"手工艺与民艺之都"，成立国际手工艺大师工作室，组建世界民间手工艺创新设计培训学院；举办国际电影节、国际摄影展、国际艺术节、国际作家笔会等。

六、文化科技成果应用推广

（一）各类展示平台持续发力支撑文化科技成果应用推广

依托丽江市科技馆、丽江古城博物院、古城区文化馆、"红军长征过丽江指挥部纪念馆"、古城历史文化展示馆、玉龙雪山冰川博物馆等展示平台，进一步发挥文化馆（站、中心）等机构的组织作用，充分利用重大节庆、广场文化活动等载体，组织开展群众乐于参与、便于参与的文化活动，进行文创产品、文化科技新装备等的展示、应用推广。加强宣传展示与交流，办好基地文化遗产博览会、传统节日文化活动等，支持举办具有基地特色的非物质文化遗产展览展示；鼓励图书馆、文化馆、博物馆等公共文化机构和非物质文化遗产展示馆、传习所开展非物质文化遗产宣传展示活动；持续发挥基层文化骨干、文化能人、文化名人、农村文化户的作用，进行文化科技应用推广。充分利用物联网、云计算、大数据等新技术，推动基地文化数字化成果走向网络化、智能化，大力搭建文化科技展示平台，建立多元化文化推广服务机制。

（二）政策措施引导持续助力文化科技成果应用推广

建立多部门协调机制，进一步强化政策支持力度，助力文化科技成果转化应用和推广。建立文化科技成果统计制度，健全文化科技成果转化激励机制，完善文化科技成果转化服务体系，切实落实《云南省促进科技成果转化条例》有关规定。鼓励和支持基地组建产学研用相结合的文化科技技术联盟，开展文化科技成果推广和展示活动；鼓励和引导基地内文化企业与高等学校、科研机构合作，进行关键共性技术研发和科技成果转化应用；支持基地研究制定有关激励政策，吸引市内外文化科技成果转化中介机构落地基地；充分发挥专业协会、学会在企业、高等学校和科研院所之间的桥梁作用，建立畅通的科技成果信息交流渠道，形成政府引导、市场为主、各方积极参与的文化科技推广应用机制。

（三）文化科技企业持续加速文化科技成果应用推广

加大财政对文化科技企业的投入力度，以项目补贴、税收减免、贷款贴息等方式鼓励和引导基地内文化科技企业引进消化吸收再创新和科技成果转化，不断提升基地内文化科技企业创新能力，加速文化科技企业成为文化科技创新成果研发、成果应用的主体；支持基地内文化科技企业积极建立"政产学研用"一体的发展机制，促进文化科技成果应用推广。进一步发挥文化科技龙头企业作用，依托龙头企业的交易、文化展示平台，展示基地文化科技成果。创新形式和手段，拓展对外交流和传播渠道，培育外向型骨干文化企业和对外文化中介机构，构建文化营销网络，重点抓好文创产品、智慧景区、文艺演出三大营销网络建设；拓展民间交流合作领域，鼓励民间组织和个人从事对外文化交流；吸收借鉴世界各地优秀文化成果，提升文化产品的影响力和竞争力，扩大商业性展演、展映和文化产品销售；精心组织本土演艺人员参与各级文化艺术赛事，加快文化科技推广应用步伐，扩大丽江文化的覆盖面和影响力。

七、进度计划

启动阶段。完善文化和科技融合机制，出台落实完善文化和科技融合的政策措施，实施一批文化科技创新项目。

攻坚阶段。推进文化和科技融合示范基地建设，开展文化和科技融合示范企业培育，进一步实施一批重大文化科技创新项目，努力攻克科技支撑文化产业发展的关键共性技术，转化一批文化科技成果。

提升阶段。推进建成完善的文化和科技融合体系，推进关键共性技术的研究应用及产业化，总结文化和科技融合示范基地建设工作经验，查漏补缺，确保示范基地建设目标全面实现，基地文化和科技实现深度融合，丽江成为我国边疆少数民族地区文化和科技融合发展示范高地。

八、保障措施

（一）强化组织领导

建立由常务副市长为组长，整合宣传、科技、文化及各管委会等单位成员的基地建设领导小组，下设办公室在古城保护管理局，并在古城保护管理局、玉龙雪山管委会设置专门科室，每个科室安排 5~6 人负责整体工作协调推进。建立部门联席会议制度，适时开展工作会商，协同推动基地建设；建立"云南省-丽江市-基地"三级会商协调机制，统筹资源，推动文化科技融合重大项目和工程实施，定期总结基地建设经验。

（二）加快体制改革和机制创新

加快文化体制改革步伐。推动建立现代企业制度，完善法人治理结构，培育壮大一批文化科技经营主体；深化文化行政管理体制改革，加快政府职能转变，强化政策调节、市场监管、社会管理、公共服务职能，推动政企分开、政事分开，理顺政府和文化企事业单位关系；在国家许可范围内，引导社会资本以多种形式投资文化产业。进一步推动资源整合机制、产业投融资机制、企业创新引导机制、人才评价激励机制的改革创新，为文化和科技融合营造良好环境。

（三）加大各方资金投入力度

市财政每年安排 2000 万元文化建设专项资金，重点支持以科技创新支撑文化产业高质量发展相关项目，加快打造丽江"文化硅谷"。设立市级文化和科技融合产业专项基金，助力创新驱动文化产业高质量发展。探索设立智慧金融项目，鼓励文化科技企业、金融机构和社会资本共同出资，每年投入 1 亿元资金，其中，政府、企业、社会招募占比各为 20%、60%、20%，发挥其撬动文化科技成果转化、中小企业创新等作用。

（四）积极争取各级项目支持

策划一批具有民族特色、有利于促进民族团结进步、实现共同富裕的文化和科技融合项目和工程，积极争取国家级、省级科技计划项目支持。积极争取新基建等项目，对文化和科技融合基础设施和公共服务平台建设等给予支持。鼓励并支持符合条件的文化和科技融合项目开展政府与社会资本合作（PPP），开发针对文化科技企业的投融资产品、风险控制技术、数据库等。

（五）加快搭建开放合作平台

加大招商引资力度，积极引进国内外知名企业在基地设立研发机构、生产基地，支持其与基地内企业、科研机构合作承担各级各类文化科技相关项目；强化财政、税收、土地、金融等要素支持，吸引和承接文化科技融合先进技术成果和产业模式向基地转移。积极争取举办各类国际、国内文化和科技交流活动，开展国际技术交流，探索技术合作模式，以技术、标准、产品、品牌、知识产权、差异化服务等参与国际竞争。鼓励有实力的企业开拓海外市场，讲好丽江故事，打造一批反映当代中国少数民族地区快速发展的优秀数字文化产品。

（六）培养一支复合型人才队伍

设立"丽江英才计划−文化科技融合专项"，围绕文化创意、艺术展演、智慧文旅和文化遗产保护和开发等领域，加快复合型、创新型、外向型文化科技跨界人才培养，打造一支文化和科技融合领军人才和高技能人才队伍，鼓励基地和基地内企业与高等院校、科研机构共建人才培养基地。

（七）加强统计监测与评价考核

完善文化科技创新工作统计制度，考核指标体系和调查方法，建立能够客观体现科技对文化引领支撑作用，反映文化产业发展效益、质量及其对基地经济贡献率的统计体系。建立文化创新动态监测与绩效评价制度，定期发布文化科技创新投入与产出统计分析报告。强化对文化科技创新项目、工程的跟踪督办和绩效评价。

丽江国家文化和科技融合示范基地
建设实施方案建议

丽江是国际知名的旅游胜地，是全国唯一同时拥有"世界文化遗产""世界记忆遗产""世界自然遗产"三项世界遗产桂冠的旅游城市，先后获得"2021中国文化体验旅游首选地""欧洲人最喜爱的中国旅游城市""世界上最令人向往的旅游目的地"等荣誉。经过30余年的建设发展，丽江旅游总收入突破千亿元大关，开发了一批以丽江古城、玉龙雪山等国家5A级旅游景区为代表的高品质文化旅游资源，形成了"民族文化和经济对接"的旅游业"丽江现象""旅游开发与文化遗产管理"的文化旅游可持续发展"丽江模式"，打造了云南乃至全国的文化旅游产业发展样板。"十四五"时期，云南大力推进"文化强省"建设，文化旅游产业作为丽江的"生命产业"，正着力向文化创意、智慧旅游、科普研学等方面转型升级，推进优秀民族文化创造性转化、创新性发展，努力打造"高端化、国际化、特色化、智慧化"的世界文化旅游名城。2021年，经科技部、中央宣传部、中央网信办、文化和旅游部、原广电总局五部门联合批准，丽江文化和科技融合示范基地（简称"基地"）被认定为第四批"国家文化和科技融合示范基地（集聚类）"，掀开了新时期丽江探索"科技赋能文旅产业高质量发展"的新篇章。建议结合丽江实际，聚焦文化遗产保护和开发、文化艺术展演等重点领域，实施七大行动，加快推动国家文化和科技融合示范基地建设。

一、总体思路

以习近平新时代中国特色社会主义思想为指导，深入贯彻落实习近平总书记考察云南重要讲话精神及系列重要指示批示精神，紧扣国际化、高端化、特色化、智慧化发展方向，聚焦丽江文化遗产保护和开发、文化旅游融合、文化艺术展演、文创产品开发等特色优势领域，优化相关平台、人才、项目等创新资源集聚与配置，支持产业关键共性技术创新、科技成果转移转化等，通过科技促进文化和旅游生产方式、体验方式、服务方式、管理模式的创新，强化丽江文化旅游资源市场转化力度、速度，引领丽江文化旅游产业转型升级、做优做强，高水平建设国家文化和科技融合示范基地，为新时期云南打造世界一流"健康生活目的地"提供样板示范。

二、发展目标

到 2025 年，基地以文化旅游为主的产业创新链日益完善，基本建成现代化产业创新体系，完成一批国内领先的文化旅游高新技术成果研发、转化及示范，产业自主创新能力得到较大提升；基地"智慧景区+文化遗产保护及开发+文艺展演+文创开发"协同发展模式日益成熟，在文化旅游服务及业态创新、文化创意产品开发等方面取得突破，相关建设任务基本完成，通过国家考核，有力支撑丽江打造世界文化旅游名城。

——基地建设效益显著。基地文化产业增加值达到 25 亿元；培育文化科技领军企业 2 家、文化科技创新型企业 10 家。

——产业向创新驱动发展转型。围绕四大特色产业组织实施 20 项科技创新项目，科技型文化项目占文化产业总项目比例达 38% 以上；攻克科技支撑文化发展的关键共性技术 5 项，转化文化科技成果 15 项；累计申报各类专利 200 件以上；科技人员占文化产业从业人员的比例达 10%。

——发展机制模式逐渐完善。出台一批文化旅游科技融合示范激励扶持政策，建立一系列机制化的文化旅游科技融合示范创新创业大赛、展会及论坛等；构建新型的"财政引导、企业主体、社会融资"产业发展资金机制。

——引领示范作用日益凸显。探索形成一条文化资源开发与旅游转型升级的现代化发展路径，进一步提升丽江古城、玉龙雪山知名度和影响力；累计实现新增就业人员超过 600 名。

三、总体布局

（一）重点发展领域

立足丽江文化旅游产业发展基础与特色，全面整合基地内各类文化科技型企业、科技创新平台及公共服务机构资源，构建文化科技融合发展体系，增强文化产业领域科技实力和自主创新能力，围绕文化遗产保护和开发、文化艺术展演、文化创意产品开发、文化旅游融合四个重点领域，进一步提升"智慧景区+文化遗产保护及开发+文艺展演+文创开发"发展水平。

——文化遗产保护和开发。立足丽江古城文化遗产资源，依托丽江市东巴文化研究院、丽江古城博物院和丽江古城历史文化展示馆等平台，建立健全文化遗产保护和开发体系，推动文化资源转化为产业发展要素，实现文化遗产保护和开发与经济社会协调可持续发展。

——文化艺术展演。以丽江古城、玉龙雪山景区为重点，在《印象·丽江》《丽江千古情》《丽水金沙》等文化演艺项目的基础上，支持龙头企业、科研机构等深入推进文化内涵研究、挖掘，加快先进技术装备集成应用于舞台艺术创作表演，提升文化演艺服务水平。创新东巴文化、纳西古乐等民族文化阐释、传播模式，打造一批文化、艺术、旅游和科技高度融合的，具有国际水准的少数民族题材艺术作品，推动优秀文化演艺产品"走出去"，擦亮"文化丽江"品牌。

——文化创意产品开发。以纳西族等少数民族文化为重点，按照"传统文化现代表达、民族文化世界表达"的发展思路，鼓励开发兼具文化内涵、地域特色、科技含量、知识产权和实用价值的文化创意产品，强化与设计企业、科研机构的产学研合作，创新文创产品营销推广理念、方式和渠道，打造 1~3 个具有一定影响力的"超级丽江 IP"，加快构建形式多样、特色鲜明、富有创意、竞争力强的文创产品研发、生产、销售体系。

——文化旅游融合。基于丽江古城、玉龙雪山景区的文化特色，以"智慧旅游"为引领，持续强化人工智能、大数据、"互联网+"、区块链等技术的应用示范，分别打造文化遗产资源数字化保护和开发、生态多样性保护科普研学等各具特色的"文旅+科技"融合发展模式，创新推进"云旅游""云演出""云展销"等产业新业态、新模式发展壮大，加速文化旅游产业转型升级。

（二）重点发展布局

依托丽江古城和玉龙雪山景区两个国家 5A 级旅游景区，按照"一基地二园区"进行谋划，具体布局按照建设任务及功能特色划分为公共服务区、创新创业区、示范辐射区。

——公共服务区。以世界文化遗产丽江古城保护管理局和玉龙雪山管理委员会所在地古城片区作为运行管理核心，主要行使基地管理职责，推动基地文化建设的理念创新、体制机制创新和组织模式创新。

——创新创业区。以集聚文化科技企业及相关平台、人才、资本、服务等要素为主，依托丽江双创园、丽江古城 5596 休闲街、丽江金茂创意文化产业园及丽江师范高等专科学校、丽江文化旅游学院等古城区现有平台，打造以文化研究、动漫制作、技术展示等为重点的技术研发基地，支持文化旅游产业相关人才培引、平台建设和创新创业活动，推动传统文化产业转型升级，培育和壮大新兴产业。

——示范辐射区。围绕玉龙雪山景区及周边区域，实施一批智慧文旅、文艺展演、文创产品开发等项目，开展技术示范、模式推广，扩大丽江文化和旅游品牌效应，放大区域"文旅+科技"发展效能，支撑丽江乃至全云南文化旅游产业的繁荣发展。

四、重点行动

围绕文化遗产保护和开发、文化旅游融合、文化艺术展演、文创产品开发等特色优势领域，突出要素集成，强化融合创新，扩大示范效应，组织实施"七大"科技创新行动，逐步构建完善的基地文化和科技融合创新体系，壮大文化科技企业集群，推动文化科技人才队伍建设，激发文化和科技融合创新活力，形成一条具有丽江特色的文化和科技融合发展新路径，打造具有国际影响力的文化和科技融合示范基地。

（一）文化遗产保护和开发科技创新行动

认真贯彻落实国家及云南省文化遗产保护工作相关文件精神，多部门联合实施"文化遗产保护和开发科技创新行动"，通过政策引导、专项支持，加快数字化信息技术应用，助力文化遗产资源的普查及保护、管理工作。建设丽江古城世界文化遗产、东巴古籍文献世界记忆遗产、三江并流世界自然遗产，以及纳西古乐等新型文化遗产资源数字化保护及科普展示平台，构建多类型文化遗产检测分析、保护修复及预警监测技术体系。强化技术供给，对应用高新技术提升文化遗产保护和开发利用水平的项目给予重点支持，探索文化遗产资源高技术开发、现代化转化与国际化表达新模式，创新推出一批具有地方特色、文化遗产特色的文化旅游产品、文化演艺作品，提升区域文化旅游产业文化内涵与发展品质。

（二）文化旅游融合产业科技创新行动

坚持"以文塑旅、以旅彰文"的原则，全力推进旅游供给侧结构性改革，开展文化旅游深度融合创新。以智慧旅游体系建设为抓手，强化文化旅游产业与"互联网+"、云计算、大数据、人工智能等新一代信息技术的集成创新，丰富数字文化旅游产品开发及供给，提升优化文化旅游产业服务、管理等环节精准化、科学化水平，高水平打造丽江古城、玉龙雪山两大各具特色的智慧旅游示范基地，助推玉龙雪山管理委员会申报建设国家级旅游度假区。鼓励采用新技术、新媒体等方式，创新文化旅游业营销模式、消费场景，结合"红色丽江""多彩丽江""乡愁丽江""艺术丽江""创意丽江"的建设部署，依托相关历史文化名镇（村）实施一批农村文化旅游科技示范项目，建设一批乡村旅游、民族风情游、农业体验游等创新示范区，促进文化旅游新经济、新业态创新发展，推动丽江文化旅游产业品牌影响力与经济效益双提升。

（三）文化艺术展演产业科技创新行动

重视非物质文化遗产、特色文化资源的传承、保护及传播，支持非物质文化遗产代表性传承人、科研机构及相关企业等设立传承基地、特色演艺空间等，营造良好的文化艺术创新氛围。鼓励音乐、舞蹈、戏曲等门类文艺作品创作、演绎及展演，融合虚实互动协同展演设计与布景呈现、三维成像与智能交互、声光电一体控制与多维综合展演等技术，开发一批具有技术示范意义、交互体验性的文化旅游演艺产品。依托雪山艺术节、旅游展会等节庆活动，支持相关企业建设国际领先技术的公共文艺展演基地或舞台，探索文艺创作机构、展演企业及高层次文艺创新人才等合作机制，实现文艺作品创作、展演、提升及创新良性循环。

（四）文化创意产业科技创新行动

突出文化特色，支持文化馆、博物馆等与相关企业联合开展文创产品研发，拓展文化创意产品开发投资、设计制作和营销渠道，开发一批艺术性和实用性有机统一、适应现代生活需求的艺术品衍生产品。推动以 IP 运用为特征的文化创意交易和贸易合作，开展基于人机互动的文化产品设计技术应用，将文化资源转换为能够进行产业化开发、市场交易的 IP 产品。推动历史文化与乡村建设相结合，推动农旅融合、文旅融合，促进高原特色农业和文化旅游产业转型升级。

（五）文化和科技融合创新平台建设行动

依托云南大学、丽江师范高等专科学校、东巴文化研究院、丽江古城博物院等相关机构，建立产学研合作机制，发展市场化技术咨询、成果转化及定制研发等业务，提升丽江文化旅游等领域科技创新服务能力。积极落实国家及云南省科技创新政策，支持文化旅游和科技融合创新公共服务平台、新型研发机构和技术创新中心等建设，引入具有国际影响力、自主创新能力的文化科技企业或单体类文化科技融合示范基地，搭建产业共性技术研发及创新资源共享服务平台，开展文化旅游高新技术成果转化、定制化文创产品开发、高端文化旅游项目合作等，支撑丽江文化和科技融合发展。

（六）文化和科技融合创新型企业培育提升行动

按照全产业链建设布局，以提升自主创新能力为核心，构建以企业为主体、市场为导向、产学研结合的文化和科技融合创新体系，促进业态创新与特色农业、经济发展、居民增收有机融合，实现共赢发展。积极招引国内行业龙头企业，择优培育本地优势企业，打造产业链完整、具有核心竞争力的文化科技企业集群，加快产业链、创新链、价值链向中高端迈进。整合区域创新资源，支持中小微文化企业向专业化、特色化、创新型方向发展，充分发挥科技型企业在模式创新和融合创新中的带动作用，培育壮大一批特色鲜明的细分领域"专、精、特、新"领军企业，进一步夯实区域文化旅游科技融合创新基础。

（七）文化和科技融合创新型人才培引行动

深入实施人才强市战略，加快建设文化和科技融合人才培引体系，以丽江文化旅游学院、丽江师范高等专科学校等为重要抓手，结合丽江双创园、丽江工匠园区等人才培养平台载体功能，全面开展技术人才、服务人才及管理人才等培养，支持非物质文化遗产代表性传承人、优秀民间艺人及其他文化艺术工作者与相关企业合作，开展创新创业活动。实施"人才兴旅"工程，加快集聚一批高水平创新团队和高层次人才，建设"全国文化旅游人才培养基地"。创新人才引进模式，建立新型柔性引进工作机制，支持文化旅游产业"专家工作站"建设、科技创新团队培育等，对新进驻基地的文化旅游高水平技术人才及其工作室给予专项扶持，建立基地"一站式"人才服务平台，打造文化科技创新人才集聚区。

五、实施进度安排

方案总体按照以下五个阶段进行部署安排。

（一）组织动员阶段

组建由市领导牵头、各部门协同的工作专班，明确各部门分工；整合丽江重点文化科技企业、高等学校、科研机构和相关非物质文化遗产代表性传承人、文化和科技人才等，筹建文化旅游产业科技创新联盟。

（二）组织实施阶段

建设文化遗产保护和开发、智慧旅游、文化艺术展演、文化创意等文化旅游和科技融合技术研发、成果转移转化等平台，开展技术研发推广、成果转移转化及模式创新。整合利用有关资金，开展"文旅+"创新创业活动，支持以数字博物馆建设、丽江"乡愁"演艺、东巴文化展示、纳西古乐保护及科普研学游等相关项目实施，打造一批具有国际影响力的示范项目。培育和引进一批文化科技龙头企业、文化科技领域科研机构、文化科技领军人才，推进产学研合作，构建具有区域特色的文化科技创新体系。

（三）督查评估阶段

由丽江国家文化和科技融合示范基地建设工作领导小组联合相关部门及专家委员会开展全面评估考核，对项目完成情况、经济和社会效益、下一步发展思路等进行全面总结分析，形成基地建设评估总结报告，做好国家验收准备。

（四）提质增效阶段

根据方案实施情况及评估考核结果，在省、市联合指导下，进一步完善基地工作机制，对相关项目进行调整、充实、优化，形成集平台、人才、企业于一体的文化科技创新发展体系，完成基地建设各项任务。总结典型经验做法，做好宣传引导示范，争取在全国进行交流。

（五）总结阶段

总结方案实施成效，启动新一阶段文化科技融合示范工程。

六、保障措施

（一）强化组织领导

组建丽江文化旅游产业工作专班，按照"一位市级领导、一个工作专班、一个实施方案、一套发展图谱"的工作模式，强化人、财、物保障，协同推进文化旅游产业创新驱动发展。建立省、市联席会议制度，定期召开专题会议，研究招商引资、项目落地、问题协调、政策制定、企业服务、信息报送等工作，统筹资源，推动文化科技融合的重大项目和工程实施。邀请省内外专家，组建丽江国家文化科技融合示范基地建设工作专家顾问团，为基地制定发展战略、形成重要决策等建言献策。

（二）加大资金投入

市级财政在统筹的玉龙雪山景区门票收入和丽江古城维护费中，每年按照不低于1000万元的预算，支持丽江国家文化和科技融合示范基地建设。积极争取国家和省级财政经费支持，加大财政资金对示范基地建设的投入，采取以奖代补、后补助等形式，对科技含量高、文化附加值大、辐射带动强、市场前景广的文化和科技融合重点项目给予支持。大力扶持本地文化科技企业发展，鼓励并支持金融机构和相关中介服务机构，开发针对文化科技企业的投融资产品，不定期组织政银企对接会、金融支持文化旅游产业专题座谈会等，促进政银企合作。支持构建数字文化旅游产业生态，创新文化旅游消费场景。

（三）推动政策创新

认真贯彻落实中央、省关于加快文化产业发展的有关文件精神，积极争取和落实中央和省对文化产业发展的扶持政策，用足用好现有政策措施，适时研究细化相应创新政策和举措。制定文化和科技融合示范基地招商引智、财税支持、科技创新等综合性配套政策，加大财政、税收、金融、用地等方面对文化产业的扶持力度。探索文化产业研发投入税收优惠政策，对文化科技企业申请贷款、专项资金等给予重点支持。

(四) 加强合作交流

招商引资、招才引智，提高文化科技产业外向度。以大开放的理念，实施大项目带动，依托丽江现有的产业基础、特色优势，引进国际、国内名企在基地设立研发机构、生产基地，支持其与本地企业、机构合作承担文化科技创新重大专项。加快产业集聚，努力引进一批"文化航母"和文化领军企业，形成大产业、大基地，催生一批丽江文化品牌，推动打造一批反映当代中国少数民族、面向国际市场的优秀数字文化产品及服务。积极争取在丽江举办各类国际、国内文化和科技交流活动，支持开展技术交流、探索技术合作模式，实现技术、标准、产品、品牌、专利、服务等领域全面联通。

(五) 强化监督评估实行动态评估管理机制

每年4月底前，基地向省级科技行政管理部门和党委宣传部门报送年度报告。省级有关部门，将基地建设工作纳入丽江市年度综合考核体系，建立各部门、各县（市、区）年度工作目标责任制，将方案提出的任务和目标层层分解到各地区、各单位。引入第三方评估，作为基地建设考核的重要参考，增强考核工作的客观性。加强动态监测与跟踪分析，建立基地建设信息发布制度，完善政府与企业、民众的信息沟通和交流机制，保障基地建设公开透明。

参考文献

［1］ 李凤亮，周建新，周志明，等. 文化科技创新发展报告（2018）［M］.
北京：社会科学文献出版社，2018.

［2］ 李凤亮，周建新，周志明，等. 文化科技创新发展报告（2019）［M］.
北京：社会科学文献出版社，2019.

［3］ 陈广玉，黄婧，沙青青. 上海文化创意与科技创新融合发展研究报告
［M］. 上海：上海科学技术文献出版社，2017.

［4］ 王晖. 统筹与培育新的经济增长点问题研究——北京市文化科技融合发
展的模式与路径研究［M］. 北京：中国经济出版社，2015.

［5］ 曹赛先，李凤亮. 风起南山——文化科技融合创新的深圳之路［M］. 北
京：中国社会科学出版社，2017.

［6］ 李建盛，陈镭，王林生. 首都文化与科技商务旅游融合发展研究［M］.
北京：知识产权出版社，2018.

［7］ 中华人民共和国中央人民政府. 科技部　中央宣传部　中央网信办　财
政部　文化和旅游部　广播电视总局关于促进文化和科技深度融合的指
导意见［EB/OL］.（2019-08-13）［2023-11-05］. https://www. gov.
cn/gongbao/content/2019/content_5456814. htm.

［8］ 钟荣丙. 文化科技一体化发展的实现途径研究［J］. 科技进步与对策，
2012（9）：11-14.

［9］ 杨毅，陈秋宁，张琳. 文化与科技融合发展中的创新模式及革新路径
［J］. 科技进步与对策，2019（7）：76-80.

［10］ 李焕. 文化与科技深度融合机理：要素集聚视角的分析［J］. 陕西行政

学院学报，2019（8）：123-128.

[11] 李凤亮，宗祖盼. 文化与科技融合创新：演进机理与历史语境［J］. 中国人民大学学报，2016（4）：11-19.

[12] 彭媛. 湖南省文化科技融合创新存在的问题与对策研究［D］. 湘潭：湘潭大学，2017.

[13] 王元辰. 文化科技融合促进文化产业发展研究［D］. 锦州：渤海大学，2018.

[14] 刘翔，陈伟雄. 中国省域文化产业与科技创新的系统耦合机理及耦合协调度分析［J］. 福建金融管理干部学院学报，2019（4）：33-42.

[15] 李万，王学勇，黄昌勇. 创新驱动发展背景下文化科技融合发展研究［J］. 文化产业研究，2014（9）：94-104.

[16] 宋洋洋，等. 中国文化和科技融合发展战略研究报告（2020）［R］. 北京：中国人民大学创意产业技术研究院，2020.

[17] 宋洋洋，等. 中国文化和科技融合发展战略研究报告（2021）［R］. 北京：中国人民大学创意产业技术研究院，2021.

[18] 宋洋洋，等. 中国文化和科技融合发展战略研究报告（2022）［R］. 北京：中国人民大学创意产业技术研究院，2022.

[19] 罗小艺，王青. 从文化科技融合到数字文化中国：路径和机理［J］. 出版广角，2018（5）：6-9.

[20] 傅才武，李国东. 促进文化科技融合的模式与政策路径分析［J］. 艺术百家，2015（6）：57-63.

[21] 郭新茹，潘卓. "文化耦合科技"的国际经验分析［J］. 金陵科技学院学报（社会科学版），2017（6）：31-35.

[22] 钱明辉，郭佳璐，匡月晴，等. 我国文化科技融合模式：聚类、特征与价值［J］. 科技与出版，2022（4）：153-160.

[23] 程宏志. 安徽省文化与科技融合的趋势特征与策略分析［J］. 安徽科技，2015（3）：15-17.

[24] 宋洋洋. 文化数字化新阶段的价值导向与重点任务［J］. 文化和科技融合热点简报，2021（12）：6-8.

附录

国家文化和科技融合示范基地名单

　　科技部、中宣部会同相关部门分别于 2012 年、2013 年、2019 年、2021 年、2024 年分五批共认定了 107 家基地，其中集聚类基地 50 家，单体类基地 57 家，基本形成以文化为内容核心、以科技创新为重要支撑、文化科技深度融合的产业业态，重点聚焦文化大数据、公共服务、数字出版、文化装备制造、媒体融合、文化旅游综合服务等方向，构建了集聚类基地服务地方产业发展与实体经济、单体类基地服务行业技术研发与集成应用的全方位、多层次、开放式创新发展格局。具体名单见表 1。

表 1　国家文化和科技融合示范基地名单（第 1 批至第 5 批）

序号	所在省（自治区、直辖市）	名称	批次
1	北京	北京中关村国家文化和科技融合示范基地	第 1 批
2	北京	北京四达时代软件技术股份有限公司国家文化和科技融合示范基地	第 3 批
3	北京	利亚德光电股份有限公司国家文化和科技融合示范基地	第 3 批
4	北京	掌阅科技股份有限公司国家文化和科技融合示范基地	第 3 批
5	北京	北京蓝色光标数据科技股份有限公司国家文化和科技融合示范基地	第 3 批
6	北京	故宫博物院国家文化和科技融合示范基地	第 4 批
7	北京	北京北大方正电子有限公司国家文化和科技融合示范基地	第 4 批

序号	所在省 （自治区、 直辖市）	名称	批次
8	北京	北京影谱科技股份有限公司国家文化和科技融合示范基地	第4批
9	北京	完美世界（北京）软件科技发展有限公司国家文化和科技融合示范基地	第4批
10	北京	中文在线数字出版集团股份有限公司国家文化和科技融合示范基地	第4批
11	北京	新维畅想数字科技（北京）有限公司国家文化和科技融合示范基地	第4批
12	北京	北京大兴经济开发区国家文化和科技融合示范基地	第5批
13	北京	智者四海（北京）技术有限公司国家文化和科技融合示范基地	第5批
14	北京	中国数字文化集团有限公司国家文化和科技融合示范基地	第5批
15	北京	中图云创智能科技（北京）有限公司国家文化和科技融合示范基地	第5批
16	北京	京东方科技集团股份有限公司国家文化和科技融合示范基地	第5批
17	天津	天津滨海新区国家文化和科技融合示范基地	第1批
18	河北	承德国家文化和科技融合示范基地	第2批
19	河北	河北金音乐器集团有限公司国家文化和科技融合示范基地	第5批
20	山西	太原国家文化和科技融合示范基地	第2批
21	内蒙古	鄂尔多斯国家文化和科技融合示范基地	第2批
22	辽宁	沈阳国家文化和科技融合示范基地	第1批
23	辽宁	大连国家文化和科技融合示范基地	第2批
24	辽宁	中国华录集团有限公司国家文化和科技融合示范基地	第3批
25	辽宁	大连博涛文化科技股份有限公司国家文化和科技融合示范基地	第4批
26	辽宁	体验科技股份有限公司国家文化和科技融合示范基地	第4批
27	吉林	长春国家文化和科技融合示范基地	第2批
28	黑龙江	哈尔滨国家文化和科技融合示范基地	第1批

序号	所在省 （自治区、 直辖市）	名称	批次
29	上海	上海张江国家文化和科技融合示范基地	第 1 批
30	上海	上海科技馆国家文化和科技融合示范基地	第 3 批
31	上海	智慧湾科创园（上海）国家文化和科技融合示范基地	第 4 批
32	上海	东方明珠新媒体股份有限公司国家文化和科技融合示范基地	第 4 批
33	上海	上海创图网络科技股份有限公司国家文化和科技融合示范基地	第 4 批
34	上海	上海阅文信息技术有限公司国家文化和科技融合示范基地	第 5 批
35	上海	上海风语筑文化科技股份有限公司国家文化和科技融合示范基地	第 5 批
36	江苏	常州国家文化和科技融合示范基地	第 1 批
37	江苏	南京国家文化和科技融合示范基地	第 2 批
38	江苏	无锡国家文化和科技融合示范基地	第 2 批
39	江苏	苏州高新区国家文化和科技融合示范基地	第 3 批
40	江苏	江苏省广电有线信息网络股份有限公司国家文化和科技融合示范基地	第 4 批
41	江苏	江苏凤凰出版传媒股份有限公司国家文化和科技融合示范基地	第 5 批
42	浙江	杭州国家文化和科技融合示范基地	第 1 批
43	浙江	横店国家文化和科技融合示范基地	第 2 批
44	浙江	宁波国家文化和科技融合示范基地	第 2 批
45	浙江	浙报传媒控股集团有限公司国家文化和科技融合示范基地	第 3 批
46	浙江	咪咕数字传媒有限公司国家文化和科技融合示范基地	第 3 批
47	浙江	浙江大丰实业股份有限公司国家文化和科技融合示范基地	第 3 批
48	浙江	宋城演艺发展股份有限公司国家文化和科技融合示范基地	第 4 批
49	浙江	杭州网易云音乐科技有限公司国家文化和科技融合示范基地	第 4 批
50	浙江	音王电声股份有限公司国家文化和科技融合示范基地	第 4 批

续表

序号	所在省 （自治区、 直辖市）	名称	批次
51	浙江	杭州万事利丝绸文化股份有限公司国家文化和科技融合示范基地	第5批
52	安徽	合肥国家文化和科技融合示范基地	第1批
53	安徽	蚌埠高新区国家文化和科技融合示范基地	第3批
54	安徽	时代出版传媒股份有限公司国家文化和科技融合示范基地	第4批
55	安徽	合肥包河国家文化和科技融合示范基地	第5批
56	福建	厦门国家文化和科技融合示范基地	第2批
57	福建	福州国家文化和科技融合示范基地	第2批
58	福建	厦门一品威客网络科技股份有限公司国家文化和科技融合示范基地	第4批
59	福建	天翼爱动漫文化传媒有限公司国家文化和科技融合示范基地	第4批
60	江西	南昌国家文化和科技融合示范基地	第2批
61	江西	景德镇（陶溪川）国家文化和科技融合示范基地	第5批
62	山东	青岛国家文化和科技融合示范基地	第1批
63	山东	八喜文化旅游集团国家文化和科技融合示范基地	第4批
64	山东	世纪开元智印互联科技集团股份有限公司国家文化和科技融合示范基地	第5批
65	山东	山东金东数字创意股份有限公司国家文化和科技融合示范基地	第5批
66	河南	洛阳国家文化和科技融合示范基地	第2批
67	河南	郑州高新区国家文化和科技融合示范基地	第4批
68	河南	开封国家文化和科技融合示范基地	第5批
69	湖北	武汉东湖国家文化和科技融合示范基地	第1批
70	湖北	武汉理工数字传媒工程有限公司国家文化和科技融合示范基地	第3批
71	湖北	话联网（武汉）信息技术有限公司国家文化和科技融合示范基地	第3批

序号	所在省 （自治区、 直辖市）	名称	批次
72	湖北	湖北长江云新媒体集团有限公司国家文化和科技融合示范基地	第5批
73	湖南	长沙国家文化和科技融合示范基地	第1批
74	湖南	马栏山视频文创产业园国家文化和科技融合示范基地	第3批
75	湖南	湖南怀化文化（广告）创意产业园国家文化和科技融合示范基地	第4批
76	湖南	湖南明和光电设备有限公司国家文化和科技融合示范基地	第4批
77	湖南	湖南广播影视集团有限公司国家文化和科技融合示范基地	第5批
78	广东	深圳国家文化和科技融合示范基地	第1批
79	广东	广州国家文化和科技融合示范基地	第2批
80	广东	深圳南山国家文化和科技融合示范基地	第3批
81	广东	广州励丰文化科技股份有限公司国家文化和科技融合示范基地	第3批
82	广东	华强方特文化科技集团股份有限公司国家文化和科技融合示范基地	第3批
83	广东	广东南方报业传媒集团有限公司国家文化和科技融合示范基地	第4批
84	广东	广州欧科信息技术股份有限公司国家文化和科技融合示范基地	第4批
85	广东	雅昌文化（集团）有限公司（深圳）国家文化和科技融合示范基地	第4批
86	广东	深圳华侨城文化旅游科技集团有限公司国家文化和科技融合示范基地	第5批
87	广西	桂林国家文化和科技融合示范基地	第4批
88	广西	桂林智神信息技术股份有限公司国家文化和科技融合示范基地	第4批
89	重庆	重庆北部新区国家文化和科技融合示范基地	第1批
90	重庆	重庆中国三峡博物馆国家文化和科技融合示范基地	第3批

序号	所在省（自治区、直辖市）	名称	批次
91	重庆	重庆云谷·永川大数据产业园国家文化和科技融合示范基地	第5批
92	四川	成都国家文化和科技融合示范基地	第1批
93	四川	绵阳国家文化和科技融合示范基地	第2批
94	四川	成都索贝数码科技股份有限公司国家文化和科技融合示范基地	第3批
95	四川	四川封面传媒有限责任公司国家文化和科技融合示范基地	第4批
96	贵州	贵阳国家文化和科技融合示范基地	第2批
97	贵州	遵义国家文化和科技融合示范基地	第4批
98	云南	昆明国家文化和科技融合示范基地	第2批
99	云南	丽江国家文化和科技融合示范基地	第4批
100	西藏	西藏文化旅游创意园区国家文化和科技融合示范基地	第5批
101	陕西	西安国家文化和科技融合示范基地	第1批
102	陕西	西安文化科技创业城产业园国家文化和科技融合示范基地	第3批
103	陕西	秦始皇帝陵博物院国家文化和科技融合示范基地	第5批
104	甘肃	兰州国家文化和科技融合示范基地	第1批
105	甘肃	敦煌研究院国家文化和科技融合示范基地	第3批
106	甘肃	读者出版集团有限公司国家文化和科技融合示范基地	第5批
107	宁夏	智慧宫文化产业集团有限公司国家文化和科技融合示范基地	第4批